Algoritmia

Técnicas fundamentales de programación

Ejemplos en Python

(numerosos ejercicios corregidos)

Nueva edición

Ludivine Crepin

ISBN: 978-2-409-04538-7
Edición original: 978-2-409-04184-6

Ediciones ENI

P° Ferrocarriles Catalanes, 97-117, 2a pl. of. 18
08940 - Cornellà de Llobregat (Barcelona)

Tel: 934 246 401
Fax: 934 231 576

e-mail: info@ediciones-eni.com
http://www.ediciones-eni.com

Autor: Ludivine CREPIN
Edición española: Angel Mª SÁNCHEZ CONEJO
Colección **Recursos Informáticos** dirigida por Émilie VILLETORTE

Prólogo

Este libro está dirigido a cualquier persona que quiera empezar a desarrollar programas informáticos. Antes de escribir código, es necesario aprender a pensar de manera que la máquina sea capaz de entendernos y ejecutar lo que le pedimos.

Este libro le ayudará a adquirir los aspectos principales de esta forma de pensar, enseñándole a razonar de una manera orientada a los algoritmos. Aprenderá a manipular los conceptos esenciales de la programación, como variables, operadores, estructuras, iteraciones, sentencias condicionales, instrucciones, tablas y subprogramas.

En cada etapa, empezará aprendiendo a pensar con algoritmos y después, desarrollará estos algoritmos utilizando el lenguaje Python. De este modo, tendrá pruebas concretas de la validez de su lógica, los algoritmos aplicados y sus scripts.

Vamos a empezar con una breve descripción del funcionamiento de la máquina, antes de embarcarnos en nuestros primeros algoritmos y programas. Cada capítulo está dedicado a un único concepto algorítmico importante, junto con su equivalente en Python. El libro terminará con una introducción a la programación orientada a objetos, para que el lector pueda aprovechar lo que ha aprendido y llegar más lejos en el desarrollo informático.

Podrá poner a prueba los conocimientos adquiridos en cada capítulo con un cuestionario corregido y ponerlos en práctica con numerosos ejercicios resueltos.

Este libro se dirige principalmente a los estudiantes del ámbito digital y sistemas informáticos y, en general, a los estudiantes que inician su formación informática, es decir, que comienzan el primer año de un grado en informática. Sin embargo, no es necesario estudiar informática para aprender sobre desarrollo. Por tanto, este libro está abierto a cualquier persona que se sienta cómoda utilizando un ordenador.

Contenido

Podrá descargar algunos elementos de este libro en la página web de Ediciones ENI: **http://www.ediciones-eni.com**.
Escriba la referencia ENI del libro **RITALGPYT** en la zona de búsqueda y valide. Haga clic en el título y después en el botón de descarga.

Prólogo

Capítulo 1
Introducción a la algoritmia

Capítulo 2
Variables y operadores

Capítulo 3
Condiciones, pruebas y buleanos

Capítulo 4
Bucles

Capítulo 5
Tablas y estructuras

Capítulo 6
Subprogramas

Capítulo 7
Pasar al modo confirmado

Capítulo 8
Archivos

Capítulo 9
Introducción al objeto

Capítulo 1
Introducción a la algoritmia

1. Los fundamentos de la informática

1.1 Arquitectura de un ordenador

La idea de una máquina capaz de realizar múltiples cálculos procede de la **máquina de Turing**. Alan Turing es el matemático que, junto a su equipo, consiguió descifrar la máquina Enigma durante la Segunda Guerra Mundial, lo que supuso una enorme ventaja estratégica y táctica para vencer a los alemanes. Alan Turing tuvo esta brillante idea en 1936.

Hasta entonces, todas las máquinas estaban diseñadas para realizar una única tarea, un único proceso de cálculo. En términos sencillos, una máquina que podía resolver sumas no podía resolver multiplicaciones. Por tanto, las máquinas estaban muy limitadas y su coste era demasiado elevado para que se generalizara su uso.

La máquina de Turing es un concepto abstracto que dio origen a la informática que hoy conocemos. En pocas palabras, esta máquina consiste en una cinta **infinita** de casillas. Cada casilla contiene un símbolo que la máquina conoce. La máquina **lee las casillas una tras otra y conserva las que necesita** para **realizar el cálculo descrito sobre varias casillas**. Fue la primera máquina con memoria incorporada que podía resolver muchos problemas diferentes.

La máquina de Turing nunca llegó realmente a implementarse, sobre todo por la cinta infinita que representa la memoria. Sin embargo, sigue siendo el **concepto básico** de los ordenadores.

Todos los ordenadores actuales se basan en la **arquitectura de Von Neumann**. John Von Neumann fue un matemático y físico nacido en 1903 que participó en la creación de los ordenadores. En aquella época, propuso que las máquinas estuvieran formadas por cuatro módulos, como se muestra en la siguiente figura:

- **La unidad aritmética y lógica** que realiza las operaciones: son nuestros procesadores actuales.
- **La unidad de control** que secuencia las operaciones, que ahora también está integrada en nuestros procesadores.
- **Memoria** para almacenar programas y entradas, que se ha convertido en nuestras memorias RAM y discos duros.
- **Dispositivos de entrada/salida** para que el ser humano pueda proporcionar los datos de entrada a la máquina. Se trata principalmente de los actuales teclados y pantallas.

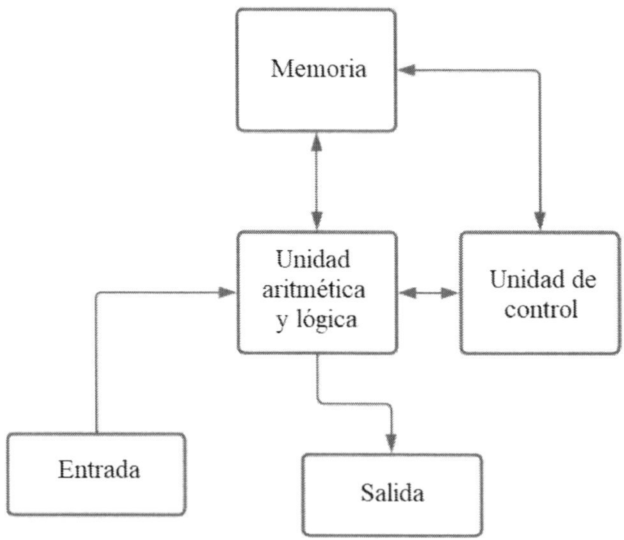

Diagrama de la aritmética Von Neumann

Es la misma arquitectura en la que se basan nuestros ordenadores. La diferencia es que los componentes electrónicos, sobre todo los procesadores, son cada vez más potentes en términos de capacidad de cálculo.

Los procesadores no son lo único que evoluciona con el tiempo: la memoria aumenta constantemente su capacidad de almacenamiento, lo que permite que nuestros programas sean cada vez más elaborados. Pero, ¿cuál es la relación entre los programas y la memoria de los ordenadores? El vínculo entre los programas y los procesadores es fácil de adivinar, pero el que existe con la memoria no es tan evidente.

1.2 Implementación de la memoria

Como usuario, la memoria representa la capacidad del disco duro para almacenar archivos en la máquina y, por tanto, poder utilizarlos más tarde. Esta definición de memoria es exacta y también es incorrecta. Para un informático, la memoria no es el disco duro.

1.2.1 Diferentes tipos de memoria

Un ordenador tiene varios tipos de memoria, entre ellas:

- **Memoria de acceso aleatorio o RAM**: es la zona de memoria que da acceso a toda la información almacenada. Se trata de una memoria volátil que se borra a medida que se utiliza la máquina y se borra completamente cuando esta se apaga.
- **Memoria de solo lectura o ROM**: zona de memoria de bajo nivel que almacena información que no se puede modificar, generalmente para conservar instrucciones necesarias para el funcionamiento de los componentes electrónicos del ordenador.
- **Memoria caché**: zona de memoria que se utiliza para almacenar los datos que deben ser accesibles durante un corto periodo de tiempo. Proporciona un acceso muy rápido a los datos, pero su tamaño es reducido porque es muy cara.

1.2.2 Programa y memoria

Cuando desarrollamos un programa, este se almacena primero como un archivo en el disco duro, del mismo modo que un usuario guarda una foto en su ordenador para poder conservarla.

Pero cuando un programa se ejecuta en un ordenador, éste tiene que analizarlo, memorizar las instrucciones, qué hace el programa, los resultados intermedios de esas instrucciones, los datos sobre los que trabaja el programa, etc.

Por tanto, un programa no solo ocupa espacio en el disco duro sino que, al menos, va a almacenar en memoria RAM toda la información que necesita para ejecutarse. Sin embargo, la capacidad de la RAM es mucho menor que la del disco duro.

Esta pequeña capacidad de memoria RAM es lo que interesa al informático: los programas que desarrollamos deben optimizar la organización de esta zona de memoria. Esta limitación es la que ha permitido que los lenguajes de programación evolucionen y sean cada vez más potentes. Desarrollaremos esta parte con más detalle en el capítulo "Pasar al modo confirmado" de este libro. Pero antes de hablar de programación, vamos a empezar hablando de cómo se debe pensar en desarrollo informático, la base de cualquier programa.

2. Algoritmos, el arte de programar

2.1 Algoritmos, ¿cómo y por qué?

Utilizamos algoritmos todos los días sin saber siquiera que lo son. Los **primeros algoritmos** formalizados se remontan a la **Antigüedad** para gestionar el agua de las fuentes y, desde entonces, no hemos dejado de crearlos y aplicarlos.

2.1.1 Ejemplos de la vida cotidiana

Decirle a un ordenador lo que tiene que hacer, es decir, darle un programa para que lo ejecute, es parecido a darle a un ser humano las instrucciones para que monte una estantería o cocine una receta para una tarta de manzana.

Todos hemos tenido alguna vez ese momento de duda cuando nos enfrentamos a unas instrucciones de montaje. Las instrucciones constan de dos partes: todas las piezas necesarias y una serie de diagramas que permiten ensamblarlas. De hecho, este documento es similar a un algoritmo y un programa:

- La lista de piezas cubre todas las **variables**: 18 tornillos, 4 tableros rectangulares, un destornillador, etc.
- Los diagramas muestran las **instrucciones**: inserte los tornillos en los orificios de los tableros, por ejemplo.

Veamos ahora una segunda analogía: una receta de cocina. Necesitaremos una masa quebrada, un sobre de azúcar avainillado, 30 gramos de mantequilla y 6 manzanas. Podemos ver la lista de ingredientes como un conjunto de variables. Después de la lista de ingredientes, tenemos los pasos que hay que seguir para hacer la receta, es decir, las instrucciones:

- Poner la masa quebrada en un molde para tartas,
- pelar las manzanas,
- cortar las manzanas en rodajas,
- colocar las rodajas sobre la masa,
- derretir la mantequilla,
- extender la mantequilla derretida sobre la tarta,

- espolvorear el azúcar avainillado sobre la tarta,
- precalentar el horno a 180°,
- hornear la tarta durante 25 minutos.

Para los que nunca han cocinado o montado un mueble a partir de un kit, hay otro algoritmo humano que sí debería conocer: ¿cómo se cruza por un paso de peatones? Cuando cruzamos por un paso de peatones, comprobamos que el semáforo de peatones está en verde, que no viene ningún coche por el paso de peatones, que el semáforo para los coches, si lo hay, está en rojo, etc. Por tanto, seguimos instrucciones que hemos aprendido para garantizar nuestra seguridad, es decir, seguimos un algoritmo.

2.1.2 Algoritmos

Por definición, un algoritmo es una **secuencia finita de instrucciones** que especifican operaciones no ambiguas que se debe realizar sobre un **conjunto de variables**. A diferencia de las instrucciones de montaje o las recetas de cocina, un ordenador entiende perfectamente un algoritmo la primera vez y lo ejecuta sin cometer nunca un error.

Desde un punto de vista más general, un algoritmo propone una **solución comprensible y aplicable** para un problema, como cruzar un paso de peatones.

Piense en los algoritmos como el lenguaje universal de todos los programas y lenguajes de programación. Cualquier algoritmo se puede traducir en un programa y viceversa.

Al aprender a desarrollar algoritmos, también se aprende a comunicarse con el ordenador: qué puede entender, cómo darle información, cómo guiarle en la ejecución del programa, etc.

De la misma manera que se enseña a un niño a cruzar por un paso de peatones, en un algoritmo se especificará lo que el ordenador puede o no puede hacer, las condiciones que hay que verificar, los comportamientos que hay que repetir y en qué casos repetirlos, etc.

3. Los lenguajes, la implementación

3.1 La programación

El ordenador es un conjunto de componentes electrónicos que, en esencia, solo entienden dos cosas: hay corriente o no la hay.

Por tanto, el único lenguaje que entienden los componentes de la máquina, ya sea el procesador o las memorias, es el lenguaje binario. Solo son posibles dos valores: 1 (hay corriente) y 0 (no hay corriente).

Entonces, ¿cómo comunicarse de forma sencilla con el ordenador?

Con el tiempo, la industria informática ha implementado una serie de mejoras en el lenguaje binario para facilitar la comunicación con el usuario: codificación de texto para que los seres humanos puedan escribir en lenguaje natural, sistemas operativos como Windows, Linux o macOS, etc.

Pero estas diferentes capas solo se traducen en binario para los componentes electrónicos. Todos sus archivos digitales son, de hecho, una secuencia de 0 y 1.

Lo mismo ocurre con el desarrollador. En los primeros tiempos de la informática, el desarrollo se parecía más a la electrónica que a la informática. Más adelante llegaron las tarjetas perforadas para almacenar programas y después los lenguajes de programación.

Los **lenguajes de programación** son lenguajes de alto nivel que permiten al programador decirle al ordenador lo que tiene que hacer **aplicando algoritmos**.

Los lenguajes de programación tienen una sintaxis próxima a la del lenguaje humano, pero incorporan las limitaciones de la máquina. Nos permiten guiar la ejecución de un programa sin ambigüedades y, por tanto, garantizar que nuestras instrucciones funcionen. Si el programa no hace lo que debe, el problema reside en las instrucciones. El problema está siempre entre el teclado y la pantalla.

Observación

El primer programa se inventó incluso antes de que se creara el ordenador. Ada Lovelace, una condesa inglesa nacida en 1815, desarrolló el primer programa en un antepasado del ordenador, la máquina analítica de Charles Babbage. Fueron las primeras instrucciones dadas por un ser humano a una máquina. Como homenaje a ella, el lenguaje de programación Ada lleva su nombre.

3.2 Los distintos tipos de lenguajes

La programación es un campo en constante evolución. Algunos lenguajes pueden ofrecer actualizaciones varias veces al año para que sus programas sean más potentes o le ofrezcan más posibilidades en sus instrucciones.

Los primeros lenguajes de programación reales fueron los procedimentales o imperativos, que son la base de otros estilos de lenguaje.

3.2.1 Programación procedimental

La programación procedimental consiste en escribir una secuencia de instrucciones, que el ordenador ejecutará una tras otra. Vamos a empezar nuestro aprendizaje con este estilo de programación.

C, Python, Ada y Pascal son lenguajes que permiten el desarrollo procedimental.

3.2.2 Programación orientada a objetos

La programación orientada a objetos se basa en la programación procedimental, pero cambia la forma de organizar las instrucciones. El programa ya no es solo una serie de instrucciones que hay que ejecutar, sino que está formado por varios bloques que se comunican entre sí.

Entre ellas se encuentran C++, Java, Python y C#, entre otras, para programar con objetos.

En el último capítulo de este libro se proporciona una introducción inicial a este paradigma de programación.

3.2.3 Programación funcional

La programación funcional ha experimentado un renacimiento en los últimos años, pero sigue siendo algo exótica. Sitúa la noción de función en el centro del programa, dejando de lado las clases y los objetos.

Scala y Rust son los dos ejemplos más comunes de programación funcional en la actualidad.

3.3 Python

Hemos optado por implementar nuestros algoritmos utilizando la versión 3 del lenguaje Python. Esta elección se debe a las siguientes razones:

- Es gratuito.
- Su sintaxis es sencilla.
- Es multiplataforma: puede funcionar en sistemas DOS (Windows) y Unix (Linux y macOS).
- Es independiente del sistema operativo gracias a su intérprete.
- Está en constante evolución, gracias a una comunidad numerosa y muy activa.
- Permite tanto la programación procedimental como la programación orientada a objetos.

No diremos más sobre este lenguaje en esta introducción, sino que vamos a dejar que el lector lo descubra a medida que avancen los capítulos de este libro.

Capítulo 2
Variables y operadores

1. Variables simples

Volvamos a las dos analogías del capítulo introductorio. Con las instrucciones de montaje de los muebles en kit, podemos identificar dos partes bien diferenciadas:

- La lista de piezas incluye todas las **variables**: 18 tornillos, 4 tableros rectangulares, 1 destornillador, etc.
- Los diagramas muestran las **instrucciones**: inserte los tornillos en los orificios de los tableros, por ejemplo.

Insertar los tornillos en los tableros se puede considerar como un **operador**, ya que modificará nuestras variables de tableros y tornillos, creando tableros con tornillos.

Veamos ahora la segunda analogía: la receta de cocina. Necesitará 1 masa quebrada, 1 sobre de azúcar avainillado, 30 gramos de mantequilla y 6 manzanas. Podemos considerar la lista de ingredientes como un conjunto de variables, a cada una de las cuales se le asignará un **valor**.

Podemos traducir esta lista en un algoritmo de la siguiente manera:

```
Masa_quebrada <-  1
azucar_avainillada <-  1
mantequilla_en_gramos <-  30
manzanas <-  6
```

Utilizamos el operador <- para asignar un valor a una variable: hay seis manzanas (`manzanas <- 6`). A medida que vayamos añadiendo más manzanas al pastel, el número de manzanas restantes irá disminuyendo. Una variable, como su nombre indica, tiene un valor que puede cambiar con el tiempo y se utiliza para almacenar este valor con una etiqueta determinada.

Observación

En los algoritmos, por convención los caracteres acentuados no están permitidos y el carácter "_" se utiliza para separar dos palabras en una variable o nombre de programa para hacerlo más legible.

El principio de las variables permite al ordenador conocer y almacenar un valor etiquetado, en cualquier momento de la ejecución del programa.

A diferencia de una lista de la compra o una receta de cocina, el ordenador necesita conocer el tipo de una variable y su nombre, que se denomina **identificador**.

El identificador de una variable debe ser **único** dentro del programa o algoritmo, de lo contrario el ordenador nunca sabrá qué variable manipular. Imagine que está en una fiesta y se encuentra con tres personas llamadas Kevin. Si le pidieran que fuera a buscar a Kevin, ¿a cuál elegiría? Sin otros elementos descriptivos como el color del pelo, la altura, etc., nunca sabrá de qué Kevin se trata y lo mismo le ocurre al ordenador.

1.1 Tipos, declaración y asignación

Los ordenadores solo hablan un lenguaje relacionado con las matemáticas, porque el sistema binario es el corazón de su lenguaje, así que todo se representa en bytes. Afortunadamente, existen capas superpuestas a los lenguajes binarios para acercarnos al lenguaje natural. Hace décadas que no se desarrolla en binario.

Estas capas superpuestas incluyen tipos de datos, que indican qué tipo de información representa la variable:

- Números
- Caracteres
- Buleanos (el tipo más sencillo)
- Cadenas de caracteres

En los algoritmos, una variable siempre tiene el mismo tipo desde el principio hasta el final del algoritmo. A esto se le llama tipificación **fuerte**.

Vamos a detallar estos diferentes tipos de variables.

1.1.1 Los números o variable numérica

En informática, hay al menos dos tipos de números:

- enteros ($\mathbb{N}$)
- números decimales, números reales (el conjunto $\mathbb{R}$)

Estos dos tipos representan valores numéricos positivos, cero o negativos incluidos entre $[-\infty; +\infty]$, en teoría con fines algorítmicos.

Los números enteros son números sin dígitos después de la coma decimal, conocidos comúnmente como cifras y números redondos. Un número entero se declara mediante su identificador, seguido del tipo `ENTERO`:

```
mi_entero : ENTERO
```

El operador : permite al ordenador entender que después del identificador de la variable está su tipo, en este caso `ENTERO`. Sin un identificador o tipo, el ordenador no puede entender que se trata de una variable. Esta línea, o instrucción para ser más precisos, se llama **declaración de variable**.

Los números con comas o los números reales se declaran con la palabra clave `REAL` del mismo modo que los enteros (el identificador de la variable seguido del operador : y el tipo `REAL`).

```
mi_real : REAL
```

1.1.2 Los caracteres

El tipo CARACTER se corresponde con un solo carácter. Su valor siempre va entre **comillas simples (')**.

```
mi_caracter : CARACTER <-  'a'
mi_numero : CARACTER <-  '7'
```

En el algoritmo anterior, la variable mi_caracter representa el carácter "a" y mi_numero representa el carácter "7". También observamos que podemos declarar una variable y darle un valor en la misma instrucción. También es posible escribir esto en dos líneas para poder mostrar el valor más adelante en el código. Recuerde que la asignación se expresa mediante el operador <-.

Un carácter puede representar cualquier tecla del teclado. Sin embargo, si el carácter representa un número, no será posible realizar cálculos con él.

Observación

Un carácter se representa necesariamente mediante un número binario. Para ello, existe una convención: la tabla ASCII para los caracteres ingleses y la tabla ASCII extendida, que añade los caracteres acentuados y los caracteres especiales de un idioma. Estas dos tablas indican el valor binario de cada carácter que se puede utilizar en informática, como se muestra en la figura siguiente.

Caracteres ASCII de control		
00	NULL	(carácter nulo)
01	SOH	(inicio encabezado)
02	STX	(inicio texto)
03	ETX	(fin de texto)
04	EOT	(fin transmisión)
05	ENQ	(consulta)
06	ACK	(reconocimiento)
07	BEL	(timbre)
08	BS	(retroceso)
09	HT	(tab horizontal)
10	LF	(nueva línea)
11	VT	(tab vertical)
12	FF	(nueva página)
13	CR	(retorno de carro)
14	SO	(desplaza afuera)
15	SI	(desplaza adentro)
16	DLE	(esc.vinculo datos)
17	DC1	(control disp. 1)
18	DC2	(control disp. 2)
19	DC3	(control disp. 3)
20	DC4	(control disp. 4)
21	NAK	(conf. negativa)
22	SYN	(inactividad sínc)
23	ETB	(fin bloque trans)
24	CAN	(cancelar)
25	EM	(fin del medio)
26	SUB	(sustitución)
27	ESC	(escape)
28	FS	(sep. archivos)
29	GS	(sep. grupos)
30	RS	(sep. registros)
31	US	(sep. unidades)
127	DEL	(suprimir)

Caracteres ASCII imprimibles					
32	espacio	64	@	96	`
33	!	65	A	97	a
34	"	66	B	98	b
35	#	67	C	99	c
36	$	68	D	100	d
37	%	69	E	101	e
38	&	70	F	102	f
39	'	71	G	103	g
40	(	72	H	104	h
41	)	73	I	105	i
42	*	74	J	106	j
43	+	75	K	107	k
44	,	76	L	108	l
45	-	77	M	109	m
46	.	78	N	110	n
47	/	79	O	111	o
48	0	80	P	112	p
49	1	81	Q	113	q
50	2	82	R	114	r
51	3	83	S	115	s
52	4	84	T	116	t
53	5	85	U	117	u
54	6	86	V	118	v
55	7	87	W	119	w
56	8	88	X	120	x
57	9	89	Y	121	y
58	:	90	Z	122	z
59	;	91	[	123	{
60	<	92	\	124	|
61	=	93	]	125	}
62	>	94	^	126	~
63	?	95	_		

ASCII extendido (Página de código 437)							
128	Ç	160	á	192	└	224	Ó
129	ü	161	í	193	┴	225	ß
130	é	162	ó	194	┬	226	Ô
131	â	163	ú	195	├	227	Ò
132	ä	164	ñ	196	─	228	õ
133	à	165	Ñ	197	┼	229	Õ
134	å	166	ª	198	ã	230	µ
135	ç	167	º	199	Ã	231	þ
136	ê	168	¿	200	╚	232	Þ
137	ë	169	®	201	╔	233	Ú
138	è	170	¬	202	╩	234	Û
139	ï	171	½	203	╦	235	Ù
140	î	172	¼	204	╠	236	ý
141	ì	173	¡	205	═	237	Ý
142	Ä	174	«	206	╬	238	¯
143	Å	175	»	207	¤	239	´
144	É	176	░	208	ð	240	≡
145	æ	177	▒	209	Ð	241	±
146	Æ	178	▓	210	Ê	242	‗
147	ô	179	│	211	Ë	243	¾
148	ö	180	┤	212	È	244	¶
149	ò	181	Á	213	ı	245	§
150	û	182	Â	214	Í	246	÷
151	ù	183	À	215	Î	247	¸
152	ÿ	184	©	216	Ï	248	°
153	Ö	185	╣	217	┘	249	¨
154	Ü	186	║	218	┌	250	·
155	ø	187	╗	219	█	251	¹
156	£	188	╝	220	▄	252	³
157	Ø	189	¢	221	¦	253	²
158	×	190	¥	222	Ì	254	■
159	ƒ	191	┐	223	▀	255	nbsp

www.elCodigoAscii.com.ar

los más consultados	
\	**barra invertida** (alt + 92)
@	**arroba** (alt + 64)
ñ	**eñe minuscula** (alt + 164)
'	**comilla simple, apóstrofe** (alt + 39)
#	**signo numeral** (alt + 35)
!	**signo de admiración** (alt + 33)
_	**guión bajo, subrayado** (alt + 95)
*	**asterisco** (alt + 42)
~	**equivalencia, tilde** (alt + 126)
-	**guión medio** (alt + 45)

de uso frecuente (idioma español)	
ñ	alt + 164
Ñ	alt + 165
@	alt + 64
¿	alt + 168
?	alt + 63
¡	alt + 173
!	alt + 33
:	alt + 58
/	alt + 47
\	alt + 92

vocales con acento (acento agudo español)	
á	alt + 160
é	alt + 130
í	alt + 161
ó	alt + 162
ú	alt + 163
Á	alt + 181
É	alt + 144
Í	alt + 214
Ó	alt + 224
Ú	alt + 233

vocales con diéresis	
ä	alt + 132
ë	alt + 137
ï	alt + 139
ö	alt + 148
ü	alt + 129
Ä	alt + 142
Ë	alt + 211
Ï	alt + 216
Ö	alt + 153
Ü	alt + 154

símbolos matemáticos	
½	alt + 171
¼	alt + 172
¾	alt + 243
¹	alt + 251
³	alt + 252
²	alt + 253
ƒ	alt + 159
±	alt + 241
×	alt + 158
÷	alt + 246

símbolos comerciales	
$	alt + 36
£	alt + 156
¥	alt + 190
¢	alt + 189
¤	alt + 207
®	alt + 169
©	alt + 184
ª	alt + 166
º	alt + 167
°	alt + 248

comillas, llaves paréntesis	
"	alt + 34
'	alt + 39
(	alt + 40
)	alt + 41
[	alt + 91
]	alt + 93
{	alt + 123
}	alt + 125
«	alt + 174
»	alt + 175

Extracto de la tabla ASCII

1.1.3 Buleanos

Los buleanos son el tipo más importante en informática y, sin embargo, el más sencillo.

Cuando quiere cruzar por un paso de peatones con semáforo, tienes dos luces, una roja y otra verde, que le indican si puede cruzar o no. Estas dos luces son buleanas: puede cruzar o no, y están encendidas o apagadas.

Un buleano solo puede tomar dos valores: `VERDADERO` o `FALSO`. Este tipo permite al ordenador saber si puede ejecutar una determinada instrucción, si ha terminado una tarea, etc.

Aquí se muestra un algoritmo que declara e inicializa dos buleanos utilizando la palabra clave `BULEANO`.

```
mi_verdadero : BULEANO <-  VERDADERO
mi_falso     : BULEANO <-  FALSO
```

1.1.4 Cadenas de caracteres

Hace ya mucho de los años 80 y los ordenadores los manejan usuarios que ya no son expertos informáticos, por lo que deben poder ser comprendidos fácilmente por los seres humanos. Este es el propósito del tipo `CADENA`, que representa texto, conocido en informática como cadena de caracteres (varios caracteres seguidos).

El valor de una cadena siempre va entre comillas dobles:

```
texto : CADENA <- "primero los aspectos básicos y después hará
su primer programa"
```

Las posibles operaciones que se pueden realizar sobre este tipo se verán en una sección específica de este capítulo, un poco más adelante. Por el momento, solo vamos a utilizar cadenas para dar indicaciones o mensajes al usuario.

Ya estamos listos para escribir nuestro primer algoritmo.

1.2 Entrada de datos y visualización

Para poder interactuar con un usuario, necesitamos pedirle los valores sobre los que debe trabajar nuestro algoritmo e indicarle cuándo cambian los valores para enviarle la información que necesita. La entrada de datos se utiliza para recuperar valores a través del teclado (el usuario introduce el valor solicitado utilizando el teclado) y la capa de visualización envía un valor en forma de texto a la salida del usuario, es decir, la pantalla.

Antes de comunicarnos con el usuario, tenemos que ver cómo definir un algoritmo. La máquina no sabe hacer nada por sí misma; solo hace lo que le decimos que haga. Por lo tanto, tenemos que decirle cuándo empieza el algoritmo (`INICIO`) y cuándo termina (`FIN`).

Al igual que sucede en el caso de las variables, cada algoritmo debe tener un identificador único para que el ordenador pueda encontrarlo y ejecutarlo, y debe ser de tipo `PROGRAMA`.

También tenemos que definir de manera clara dónde están las variables: las variables siempre se declaran al principio del algoritmo, en la sección `VAR`. En informática, este tipo de sección se llama **bloque**. No se puede utilizar una variable sin declararla en este bloque.

A continuación, se muestra nuestro primer algoritmo, que declara una variable x y le asigna el valor 3,67:

```
PROGRAMA Ejemplo
VAR
   x : REAL
INICIO
   x <- 3,67
FIN
```

Observación

Las variables se deben declarar en el bloque `VAR`, pero su asignación inicial se puede realizar en el momento de la declaración o en el algoritmo.

Observación

Una variable que no se ha inicializado nunca con un primer valor, no se puede utilizar en instrucciones distintas a las de su inicialización (asignación del primer valor).

Volvamos al objetivo principal de esta sección: intercambiar información con el usuario. Existe un operador `ESCRIBIR()` para mostrar un valor y un operador `LEER()` para recuperar un valor. Recuerde que está describiendo el comportamiento del ordenador, no del usuario. Hagamos que nuestro usuario introduzca un número entero:

```
PROGRAMA Mostrar_entrada
VAR
   nombre : ENTERO
INICIO
   ESCRIBIR("Escriba un entero ")
   numero <- LEER()
   ESCRIBIR("Su número es ")
   ESCRIBIR(numero)
FIN
```

Observación

En algoritmia, las operaciones y operadores "complejos" siempre se representan con verbos en infinitivo.

El operador `ESCRIBIR` puede recibir uno o varios **argumentos**, es decir, entre los corchetes que le siguen podemos tener un valor, una variable, varios valores y/o variables. Estos argumentos son los que verá el usuario en la pantalla (también llamada **consola** en informática). En todos los casos, este operador solo puede mostrar un valor, esté o no asignado a una variable. Piense en los argumentos como el alimento que suministramos al operador.

El operador `ESCRIBIR` puede agrupar varios valores mostrándolos en una sola línea. Para hacer esto, debe enumerarlos utilizando la coma como separador. Para mostrar una frase que el usuario pueda entender, puede utilizar este operador de la siguiente manera: `ESCRIBIR("El número es " , numero)`.

Observación

El espacio que sigue a un paréntesis es opcional; solo lo añadimos para la lectura humana, ya sea en un algoritmo o en un programa.

El operador `LEER` se utiliza para asignar una variable. No recibe ningún argumento (los paréntesis después de esta palabra clave siempre están vacíos).

Para que el ordenador entienda el **final de una instrucción**, en este caso una declaración, dos visualizaciones, una asignación y su posterior visualización, **vamos a la línea** al final de cada instrucción.

También es importante respetar el principio de indentación: en cada bloque, aquí `VAR` e `INICIO`, empezamos nuestras líneas con un tabulador. Esto hace que el algoritmo sea más legible para el ojo humano y, por lo tanto, sea más fácil de mantener para que pueda evolucionar con el tiempo, al igual que un programa.

1.3 Constantes

Terminemos esta presentación de las variables con las constantes. Algunas veces es útil fijar el valor de una variable para garantizar la ejecución del algoritmo y, por tanto, del programa resultante. Esta es la función de las constantes.

Una constante es una variable cuyo valor no se puede modificar una vez inicializada. Se debe asignar durante su declaración en un bloque `CONST`. Salvo estas dos restricciones, se puede utilizar posteriormente como una variable normal:

```
PROGRAMA Mostrar_pi
CONST
   pi <- 3,14 : REAL
VAR
   n : ENTERO
INICIO
   ESCRIBIR(pi)
   ...
FIN
```

Una constante no puede:

- recibir el valor del operador `LEER()`;
- asignarle un valor después de la inicialización con el operador `<-`.

2. Utilizar las variables

Las variables son inútiles si no podemos operar con ellas. Para hacer esto, vamos a utilizar operadores que son relativos al tipo de la variable.

Observación

Todos los operadores funcionan con variables, con valores o con una variable y un valor.

Se dice que un operador es binario si tiene dos operandos, es decir, trabaja con dos valores. Un operador unario solo tiene un operando.

2.1 Operadores matemáticos comunes

Los operadores matemáticos comunes se pueden utilizar en los tipos `ENTERO` y `REAL`. Representan cálculos matemáticos básicos:

- Suma, con el símbolo **+**.
- Resta, con el símbolo **-**.
- Multiplicación, con el símbolo **x**.

```
PROGRAMA Ejemplo_operador_mat
VAR
   a <- 17 : ENTERO
   b <- 2 : ENTERO
   z <- 1.1 : REAL
   y <- 2.87 : REAL
   res : ENTERO
INICIO
   res <- a + b
   ESCRIBIR("La suma de a y b es ",res)
   res <- a - b
   ESCRIBIR("La resta de a y b es ", res
```

```
    res <- a x b
    ESCRIBIR("La multiplicación de a y b es ", res)
    ESCRIBIR(z + y)
    ESCRIBIR(z - y)
    ESCRIBIR(z x 3.89)
FIN
```

Observación

En el algoritmo anterior, puede comprobar que el operador `ESCRIBIR` se utiliza para mostrar el valor del resultado de una operación, sin tener que almacenarlo en otra variable.

2.2 Operadores específicos de los números enteros

Los números enteros tienen dos operadores específicos:

- División, con el símbolo `DIV`.
- El resto de la división euclidiana con el símbolo `MOD` que significa módulo.

```
PROGRAMA Operadores_enteros
VAR
   n : ENTERO <- 30
   m : ENTERO <- 4
INICIO
   ESCRIBIR("n dividido por m es")
   ESCRIBIR(n DIV m)          // muestra 7
   ESCRIBIR("La resta de la división de n por m es ")
   ESCRIBIR(n MOD m)          // muestra 2
FIN
```

Observación

Para añadir comentarios a nuestro algoritmo con el fin de dar información al lector, utilizamos el símbolo //. Gracias a este símbolo, otro desarrollador entiende que no se trata de una instrucción, sino de información sobre el comportamiento del algoritmo.

2.3 Operador específico de los números reales

Al igual que los números enteros tienen división entera, los números reales tienen una división real, que se representa con el clásico operador /.

```
PROGRAMA Operador_real
VAR
   n : REAL <- 30.87
   m : REAL <- 4.65
INICIO
   ESCRIBIR("n dividido por m es")
   ESCRIBIR(n / m)          // muestra 6,6387096774
FIN
```

2.4 Operadores de comparación

Los operadores de comparación se utilizan para comparar dos valores numéricos:

- Igualdad, con el símbolo =.
- Diferencia, con el símbolo ≠.
- Mayor que, con el símbolo >.
- Menor que, con el símbolo <.
- Mayor o igual que, con el símbolo >=.
- Menor o igual que, con el símbolo <=.

Estos operadores binarios siempre devuelven un buleano, lo que es perfectamente lógico ya que el resultado de una comparación siempre es sí o no, es decir, VERDADERO o FALSO.

```
PROGRAMA Ejemplo_operadores_comparacion
VAR
   a : ENTERO <- 1
   b : ENTERO <- 2

INICIO
   ESCRIBIR("Igualdad: ", a = b) // FALSO
   ESCRIBIR("Diferencia: ", a ≠ b) // VERDADERO
   ESCRIBIR("Menor: ", a < b) // VERDADERO
```

```
    ESCRIBIR("Mayor: ", a > b) // FALSO
    ESCRIBIR("Menor o igual: ", a <= b) // VERDADERO
    ESCRIBIR("Mayor o igual: ", a >= b) // FALSO
FIN
```

Observación

En los algoritmos, solo podemos comparar dos valores del mismo tipo.

2.5 Operadores lógicos para buleanos

Volvamos a la vida real para explicar los operadores buleanos. Por ejemplo, imagine que toma la decisión de salir de casa basándose en varios criterios. Se fija en si le interesa salir, si es necesario y si el tiempo se lo permite. Entonces hace cálculos lógicos basados en estos criterios. Estos vínculos entre condiciones se representan en informática mediante operadores lógicos.

El operador binario `OR` devuelve `VERDADERO` si al menos uno de los dos operandos es `VERDADERO`.

El operador Y binario devuelve `VERDADERO` si ambos operandos son `VERDADERO`.

El operador unario `NOT` devuelve el valor inverso del buleano: `VERDADERO` se convierte en `FALSO` y viceversa.

```
PROGRAMA Ejemplo_operadores_logicos
VAR
    interes : BULEANO <- FALSO
    necesario : BULEANO <- VERDADERO
INICIO
    ESCRIBIR("O lógico: ", interes O necesario) // VERDADERO
    ESCRIBIR("Y lógico: ", interes Y necesario) // FALSO
    ESCRIBIR("NO lógico: ", NO necesario) // FALSO
FIN
```

La lógica de estos tres operadores se explicará con más detalle en el próximo capítulo.

2.6 Operadores de caracteres

Como hemos señalado previamente, los caracteres se representan en un orden determinado utilizando un código de carácter. Como resultado, podemos utilizar los operadores de comparación que vimos anteriormente con caracteres, al igual que con los tipos entero y real:

- Igualdad, con el símbolo =
- Diferencia, con el símbolo ≠.
- Mayor que, con el símbolo >.
- Menor que, con el símbolo <.
- Mayor o igual que, con el símbolo >=.
- Menor o igual que, con el símbolo <=.

El carácter más pequeño es el que aparece en primer lugar en la tabla y el más grande es el que aparece en último lugar. Tenga en cuenta que las mayúsculas son siempre más pequeñas que las minúsculas y que hay una diferencia entre "a" y "A": no son los mismos caracteres.

```
PROGRAMA Ejemplo_comparacion_caracter
VAR
   a : CARACTER <- 'a'
   b : CARACTER <- 'b'
   carac : CARACTER <- 'A'
INICIO
   ESCRIBIR("Igualdad: ", a = carac) // FALSO
   ESCRIBIR("Diferencia: ", a ≠ carac) // VERDADERO
   ESCRIBIR("Menor: ", a < b) // VERDADERO
   ESCRIBIR(("Mayor: ", a > b) // FALSO
   ESCRIBIR("Menor o igual: ", a <= b) // VERDADERO
   ESCRIBIR("Mayor o igual: ", a >= b) // FALSO
FIN
```

3. Operaciones con cadenas

Las cadenas de caracteres son tipos complejos. A diferencia de los otros tipos que hemos visto, se componen de varios valores (varios caracteres) uno detrás de otro, no de un único valor.

Como resultado, no podemos manipularlos tan fácilmente como otros tipos utilizando operadores simples.

En algoritmia, tenemos:

- La **concatenación**: añadir una cadena tras otra.
- La **extracción**: crear una cadena a partir de otra.
- La **longitud**: indica el número de caracteres de una cadena.

3.1 Concatenación

Para concatenar dos cadenas, utilizamos el operador de concatenación CONCATENAR. Este operador recibe dos cadenas como argumentos y genera una nueva cadena, cuyo valor será la primera cadena seguida de la segunda:

```
PROGRAMA Ejemplo_Concatenar
VAR
   cadena1 : CADENA <- "Hello"
   cadena2 : CADENA <- "World"
   res : CADENA
INICIO
   res <- CONCATENAR(cadena1, cadena2)
   ESCRIBIR(res)   // HelloWord
   res <- CONCATENAR(cadena1, " ")
   ESCRIBIR(res)   // Hello
    res <- CONCATENAR(res, cadena2)
    ESCRIBIR(res)   // Hello Word
FIN
```

Como muestra el algoritmo anterior, la gestión del espacio es responsabilidad del desarrollador: el algoritmo no entiende cuándo es necesario un espacio.

3.2 Extracción

El operador de extracción EXTRAER se utiliza para crear una nueva cadena de caracteres a partir de otra. Le decimos a partir de qué carácter queremos empezar a leer y cuántos caracteres queremos leer. Este operador extrae una subcadena de otra cadena dada.

EXTRAER recibe tres argumentos:

- La **cadena existente**.
- La **posición del carácter** a partir del cual queremos empezar a leer la cadena.
- El **número de caracteres** que se leerán y se copiarán en la subcadena, a partir de la posición especificada.

```
PROGRAMA Ejemplo_Extraer
VAR
   cadena1 : CADENA <- "Hello World"
   res : CADENA
INICIO
   res <- EXTRAER(cadena1, 7, 2)
   ESCRIBIR(res)   // Wor
FIN
```

En algoritmia, el primer carácter de una cadena está en la posición 1. En informática, llamamos a esta posición el **índice** del carácter.

3.3 Longitud

Este último operador se utiliza para obtener el número de caracteres de una cadena. LONGITUD devuelve un entero y recibe como argumento la cadena cuyo número de caracteres queremos conocer.

```
PROGRAMA Ejemplo_Extraer
VAR
   cadena1 : CADENA <- "Hello World"
   res : ENTERO
INICIO
   res <- LONGITUD(cadena1)
   ESCRIBIR(res)   // 11
FIN
```

Puede que este operador no parezca útil ahora, pero en el transcurso de este libro veremos que es esencial en cualquier algoritmo o programa que manipule cadenas de caracteres.

4. ¿Y los lenguajes?

Los algoritmos pretenden representar tantos lenguajes como sea posible. Sin embargo, en esta sección confirmaremos la famosa expresión "del dicho al hecho, hay un gran trecho". El algoritmo pretende ser una base común para la mayoría de los lenguajes de programación, pero cada uno tiene sus propios mecanismos de gestión interna, que pueden modificar enormemente el código generado a partir del algoritmo. En esta sección, veremos algunas de estas diferencias antes de empezar a aprender Python.

4.1 Tipado

En programación, podemos distinguir en la actualidad cuatro clases interesantes de lenguajes:

- Lenguajes de **tipado estático**.
- Lenguajes de **tipado dinámico**.
- Lenguajes **fuertemente tipados**.
- Lenguajes **débilmente tipados**.

Los lenguajes pueden exigir que se declare o no el tipo de las variables de un programa (tipado estático o dinámico). También pueden permitir o no que el tipo de una variable cambie durante la ejecución del programa (tipado débil o fuerte).

4.1.1 Lenguajes de tipado estático

Tipado estático significa que el lenguaje obliga a que el tipo de cada variable se declare al mismo tiempo que se declara la variable, igual que en los algoritmos. Se puede inicializar en cualquier momento después de su declaración.

Este tipo de lenguaje incluye lenguajes como C, C++, Java, C# y TypeScript, por ejemplo.

Tenga en cuenta que C es uno de los pocos lenguajes que requiere que todas las variables se declaren al principio del programa, como en la programación algorítmica.

4.1.2 Lenguajes tipados dinámicamente

En un lenguaje de tipado dinámico, el lenguaje determina el tipo de variable en el momento de su inicialización. Si asignamos 3 a la variable n, el lenguaje entenderá automáticamente que esta variable es de tipo entero. Esta es la primera gran diferencia entre la práctica y la teoría.

Estos tipos de lenguaje solo respetan el principio algorítmico de que una variable se debe inicializar antes de poder utilizarse. Incluso fuerzan este principio, porque declarar una variable requiere necesariamente inicializarla.

Los lenguajes de tipado dinámico incluyen Python, PHP y JavaScript.

4.1.3 Lenguajes fuertemente tipados

Los lenguajes fuertemente tipados obligan a que, cuando se declara una variable con un tipo, esa variable mantenga el mismo tipo durante toda la ejecución del programa. Esto debería parecer perfectamente lógico después de leer este capítulo: un entero sigue siendo un entero, un real sigue siendo un real, y así sucesivamente.

PHP, C, C++, Java y JavaScript forman parte de este tipo de lenguaje.

4.1.4 Lenguajes débilmente tipados

Otra gran diferencia entre la teoría y la práctica es que los lenguajes débilmente tipados permiten que una variable cambie de tipo durante la ejecución del programa. Por lo general, se trata de lenguajes de tipado dinámico.

Pongamos un ejemplo. Una variable a tiene un valor de 2 al inicio del programa. El desarrollador puede cambiar su valor a "hola", cambiando así el tipo de a de entero a cadena.

Python o JavaScript, por ejemplo, son lenguajes débilmente tipados.

Observación

Estas cuatro clases de lenguaje pueden parecer complicadas de manejar al principio, pero tenga por seguro que una vez que empiece a programar, la escritura de código se convertirá en algo natural y no tendrá que hacerse más preguntas.

4.2 Operadores

La mayoría de los lenguajes actuales utilizan los operadores clásicos de una calculadora para los cálculos matemáticos: +, - , *, /. Para la división, se puede encontrar la división entera con el símbolo // y la división real con el símbolo /. El resto de la división euclidiana, el módulo, se representa generalmente con el operador %. También encontrará una asignación más clásica con el símbolo = en lugar de la flecha.

La pregunta ahora es cómo manejar la igualdad. La respuesta es muy sencilla, con la doble igualdad: ==. La diferencia se representa con el operador !=. Los operadores de inferioridad y superioridad siguen siendo los mismos que en los algoritmos.

Observación

En programación, el ! representa el NO lógico. Como la diferencia es lo contrario de la igualdad, es decir, no es igual, lo único que tenemos que hacer es seguir un ! con un = para representarlo.

En cuanto a los operadores lógicos, `Y` suele representarse por `&&` o `AND`, `OR` por `||` u `OR` y `NO` por `!` o `NOT`.

Sin embargo, los operadores de cadenas pueden ser muy diferentes de un lenguaje a otro. De hecho, las cadenas son tipos complejos que no se implementan con la misma lógica en todos los lenguajes, lo que implica operadores muy diferentes. Sin embargo, siempre encontrará los tres operadores básicos CONCATENAR, EXTRAER y LONGITUD.

Más adelante en este capítulo verá que la traducción entre el algoritmo y el programa no es tan complicada, y la gimnasia mental necesaria se convierte rápidamente en un reflejo.

4.3 Gestión de la memoria

Esta sección ofrece una rápida introducción a la gestión de la memoria y entraremos en más detalles en la sección sobre punteros y referencias.

Una de las mayores preocupaciones de la programación es el uso y la gestión de la memoria. A diferencia de la máquina de Turing, la memoria de un ordenador no es infinita, por lo que no puede retenerlo todo.

Podemos comparar la memoria de la máquina con una cómoda con varios cajones. En estos cajones guardamos nuestras cosas, mientras que el programa almacena instrucciones y valores de variables. ¿Qué ocurre cuando todos los cajones están llenos? No podemos poner más cosas en ellos, igual que el programa no puede almacenar nada más en su memoria.

Para simplificar los aspectos técnicos, cada variable e instrucción ocupan espacio en la memoria. La pregunta es: ¿cuándo puede el ordenador borrar de la memoria una variable o una instrucción?

La respuesta está en el lenguaje utilizado para programar. Cada lenguaje tiene su propia gestión, sus propios métodos para limpiar la memoria y garantizar así que la memoria del ordenador no se sature con tanta abundancia de datos. Algunos lenguajes, como C o C++, obligan a que el programador les diga cuándo hay que vaciar la memoria, mientras que otros lo hacen automáticamente (con el Garbage Collector de Java, por ejemplo).

4.4 Gestión de números reales

En algoritmos, solo disponemos del tipo `REAL` para representar números con coma. En programación, puede surgir una duda dependiendo del lenguaje: ¿punto flotante o decimal?

En programación, estos dos tipos representan el tipo `REAL`. Sin embargo, existe una ligera diferencia entre ambos, que puede causar algunas sorpresas y complicaciones al desarrollador.

El **float** es un número real que se representa en la máquina utilizando la **escritura binaria científica**. Sin entrar en demasiados detalles, el punto flotante se calcula para conservar solo las potencias significativas del número real. Este cálculo significa que algunas veces el punto flotante es inexacto comparado con el valor esperado. Por ejemplo, queremos almacenar 0.1 con un punto flotante y cuando lo visualizamos, obtenemos 0.100000000001, lo que puede causar algunos errores si no tenemos cuidado. Este error de precisión proviene del cálculo que hace la máquina para almacenar nuestro valor real.

El **decimal** es un número con **punto decimal fijo**. En este caso, la máquina almacena tal cual tanto los dígitos anteriores al punto decimal como los posteriores. Por lo tanto, el decimal proporciona un valor exacto, a diferencia del punto flotante. Sin embargo, requiere mucha más memoria.

5. Python y los tipos

Ahora que tiene todas las claves de la lógica de programación, vamos a centrarnos en el quid de la cuestión, y para hacer esto vamos a instalar Python para que pueda escribir programas (o scripts).

5.1 Instalación

Python solo viene instalado de serie en ordenadores con Linux o macOS.

Los desarrolladores de Windows deben instalar Python siguiendo las instrucciones del sitio web oficial: https://www.python.org/

- Para comprobar que Python está instalado correctamente, inicie una consola/terminal o cmd y escriba la línea de comandos `python` (o `python3` dependiendo de su instalación). Entonces debería tener acceso a un simple calculador de Python, como se muestra en la siguiente figura. Este calculador se puede utilizar para ejecutar rápidamente instrucciones en Python, en particular para probarlas rápidamente. Para salir del calculador, escriba la instrucción `exit()`.

```
ludivine — -bash — 80x24
iMac-de-Ludivine-2:~ ludivine$ python3
Python 3.9.6 (default, Oct 18 2022, 12:41:40)
[Clang 14.0.0 (clang-1400.0.29.202)] on darwin
Type "help", "copyright", "credits" or "license" for more information.
>>> a = 1
>>> a
1
>>> exit()
```

Calculador Python

Cuando se instala Python, automáticamente también se instala IDLE, que es el entorno de desarrollo integrado (IDE) para Python. Este IDE consta de dos ventanas, como se muestra en la siguiente figura: el calculador de Python que ejecutará su script (la ventana de la izquierda) y su script (la ventana de la derecha). De esta manera puede ver al mismo tiempo en pantalla tanto su código, como el resultado.

Observación

Un IDE es un software que le ayuda y aconseja sobre cómo escribir su programación. Le facilita el trabajo al conocer la sintaxis del lenguaje en el que está programando. Así, le indicará los errores más rápidamente y permitirá leer el código más rápidamente gracias a la coloración sintáctica. Algunos IDE también ofrecen la posibilidad de completar automáticamente su código, con un sistema de autocompletado pseudointeligente.

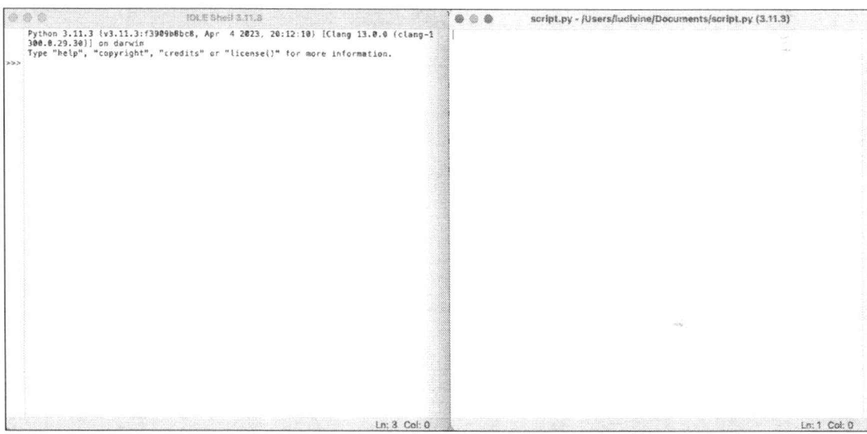

IDLE

- Para crear un nuevo script, vaya a **Archivo - Nuevo** y guarde su script con la extensión .py.
- Haga clic en el menú **Ejecutar** para ejecutar su código.

No es obligatorio usar IDLE. También puede codificar con SublimeText o PyCharm, por ejemplo. Hay bastantes IDEs para Python, así que depende de usted elegir el que más le convenga.

Es aconsejable instalar la penúltima versión del lenguaje para asegurar la compatibilidad con librerías de terceros, lo que será útil cuando su nivel le permita utilizarlas para hacer cosas más complicadas.

5.2 Lenguaje interpretado

Python es un lenguaje de tipado débil con tipado dinámico, como hemos explicado antes.

Además, Python es un lenguaje interpretado. Esto significa que cuando se ejecuta un script, las **instrucciones se leen y analizan en el momento de su lectura**. Si tiene un error de sintaxis, por ejemplo, el intérprete solo le avisará cuando intente ejecutar la línea y no antes. Entonces recibirá un mensaje de error indicando el problema, como "SyntaxError: invalid syntax".

Observación

A diferencia de los lenguajes interpretados, existen lenguajes compilados en los que el código se analiza antes de ser ejecutado y en los que solo es posible ejecutar un código si su sintaxis es correcta, es decir, si el código compila.

5.3 Tipificación y asignación

Como Python es un lenguaje de tipado débil con tipado dinámico, las variables se deben declarar inicializándolas y siguiendo las convenciones de nomenclatura de Python.

Observación

Python es un lenguaje ***que distingue entre mayúsculas y minúsculas****, lo que significa que el identificador a no es lo mismo que el identificador A, por lo que las mayúsculas y minúsculas son importantes.*

5.3.1 Convenciones de nomenclatura

Para ser un buen desarrollador de Python, debe seguir las siguientes convenciones de nomenclatura:

- Identificador: secuencia no vacía de caracteres de cualquier longitud, formada por un carácter de inicio, seguido por 0 o más caracteres: id es correcto, pero 1id no lo es.
- No utilice caracteres acentuados: numerico es correcto, pero numérico no lo es.
- MAYUSCULAS o UPPER_CASE para las constantes: MI_CONSTANTE en lugar de miconstante.
- TitleCase para clases: MiClase y no miClase.
- camelCase para identificadores de funciones, métodos e interfaces gráficas: miFuncion es correcto, pero Mifuncion o mi-funcion no lo son.
- unmodule para los módulos: mimod y no mi-modulo o MiModulo.
- minúsculas o snake_case para el resto de identificadores: mi-variable o mi-entero son correctos y no mi_variable o miVariable.

No se preocupe por los términos técnicos que aún no hemos tratado, ya los veremos más adelante.

La única condición sintáctica que está obligado a seguir es la siguiente: un identificador empieza siempre por una letra seguida o no de una serie de caracteres distintos de un espacio, un punto, # y @.

5.3.2 Asignación y comentarios

Como Python es de tipado dinámico, debe inicializar sus variables para declararlas con el operador =. Los comentarios van precedidos de un #.

Las variables se pueden declarar en cualquier línea del script, siempre que se declaren antes de utilizarlas.

Como en los algoritmos, el final de una instrucción es el salto de línea.

Python acepta los siguientes tipos:

- **int**: números enteros.
- **float**: números decimales.
- **complex**: números complejos (uno real y otro imaginario).
- **bool**: buleanos (dos valores posibles: Verdadero y Falso).
- **str**: cadenas de caracteres (los caracteres son cadenas de un solo carácter).

```
entero = 1
mi_real = 3.4
PI = 3.14 # falsa constante, es solo una convención
hello = "hello world"
cucu = 'cucu'
b = True
no = False
a, b = 1, 2 # a vale 1 y b vale 2
```

Tenga en cuenta que las cadenas pueden ir **entre comillas simples o dobles**, no importa.

En Python también es posible hacer múltiples declaraciones en una sola sentencia, gracias a la coma entre variables y la coma entre valores. Los valores se asignarán a las variables en el orden en que se declaren.

Las constantes no existen realmente en Python. Indicamos que la variable es una constante poniendo en mayúsculas su identificador, pero el lenguaje no nos impide cambiar su valor posteriormente.

5.3.3 Operadores sobre tipos

Como Python no nos obliga a indicar el tipo de variable, dispone de operadores, o más bien funciones, para manipular los tipos de variables:

- `type(a)`: devuelve el tipo de a.
- `eval(a)`: devuelve el valor de a interpretado por el intérprete.
- Conversión de `a`:
  - `int(a)` para transformar a en un número entero.
  - `float(a)` para transformar a en un número real.
  - `str(a)` para transformar a en una cadena de caracteres.

- `bool(a)` para transformar a en un buleano.
- `complex(r,i)` para transformar `r` e `i` en un complejo.

```
s = "7"
entero = eval(s) # entero vale 7
entero = int('1') # entero vale 1
```

5.4 Un script inicial

Ahora que sabemos cómo declarar variables, necesitamos traducir `LEER` y `ESCRIBIR` a Python para escribir nuestro primer script.

5.4.1 ESCRIBIR en Python

La función print muestra en pantalla las expresiones recibidas como argumentos, con la siguiente sintaxis:

```
print(expr_1,expr_2,...,sep=' ',end='\n')
```

- No importa si las expresiones de los argumentos son valores o variables, ya que solo se mostrarán los valores y no los nombres de las variables.
- `sep` (opcional) indica qué separará estas expresiones; el valor predeterminado es un espacio.
- `end` (opcional) indica lo que se mostrará después de todas las expresiones, por defecto es un **salto de línea** (`\n`).

```
a = 1
x = 8.7
s = "hello"
print("mis variables son a con el valor", a, 'b
con el valor',b,'y s =',s)
# muestra "mis variables son a con el valor 1 b
con el valor 8.7 et s hello"
print("a sin espacio por defecto", a, sep='')
# muestra "a sin espacio por defecto"
print("sin salto ", end="")
print("de línea")
# muestra abajo "salto de línea"
```

5.4.2 LECTURA en Python

La función `input` se utiliza para leer la entrada del teclado. Por lo tanto, es la traducción de `LEER` en algoritmia.

Por defecto, `input` devuelve una cadena de caracteres de tipo `str`:

```
var = input(expresion)
```

La función input devuelve un valor str, así que recuerde transformarlo en otro tipo si es necesario.

La expresion es opcional y representa la solicitud de entrada de teclado.

```
entrada = input('Por favor, escriba un entero') # entrada es una
cadena
print(type(entrada))   # <class str>
entrada = int(entrada) # entrada es un entero, eval(entrada)
para ser más genérico
print(type(entrada))   # <class 'int'>
```

5.5 Operadores

5.5.1 Operadores aritméticos

Para variables de tipo numérico, puede utilizar los siguientes operadores:

- Suma de x e y: **x+y**
- Resta de y a x: **x-y**
- Multiplicación de x e y: **x*y**
- Elevar x a la potencia y: **x**y**
- Cociente real (división) de x por y: **x/y**
- Cociente entero (división) de x por y: **x//y**
- Resto del cociente entero (módulo) de x por y: **x%y**

También existen operadores de asignación en Python que realizan un cálculo al mismo tiempo que la asignación:

- **x+=y** es equivalente a x = x + y
- **x-=y** es equivalente a x = x - y
- **x*=y** es equivalente a x = x * y
- **x/=y** es equivalente a x = x / y
- **x//=y** es equivalente a x = x // y
- **x%=y** es equivalente a x = x % y

```
a = 1
b = 2
c = a + b
print("c vale", c)    # muestra "c vale 3"
a += b
print("a vale", a)    # muestra "a vale 3"
```

El operador + también se aplica a los buleanos y realiza un O lógico.

5.5.2 Operadores de comparación

Aparte de los operadores de igualdad y diferencia, los operadores de comparación son los mismos que se utilizan en los algoritmos: <, >, <=, >=.

La igualdad se simboliza mediante el doble igual: ==.

La diferencia se simboliza mediante el signo no igual: !=.

```
print(1 == 1)    # muestra True
print(1 != 1)    # muestra False
print(1 > 1)     # muestra False
```

5.5.3 Operadores lógicos

Los operadores lógicos en Python son simplemente la traducción al inglés de los operadores lógicos en algoritmia: `NO` se convierte en `not`, `Y` en `and` y `O` en `or`. Los valores buleanos también se traducen en `True` y `False`.

```
print(True and False)     # muestra False
print(1 == 1 or False)    # muestra True
print(not False)          # muestra True
```

5.6 Cadenas de caracteres

Python dispone de multitud de operaciones con cadenas. Aquí describimos solo las principales, y remitimos al lector a la documentación oficial de Python para más información.

Supongamos que tenemos dos cadenas s y t, un carácter x y un número entero n:

- `x in s`: comprueba si x pertenece a `s`.
- `x not in s`: comprueba si x no pertenece a `s`.
- `s + t`: concatenación de `s` y `t`.
- `s * n o n * s`: concatenación de n copias de `s`.
- `len(s)`: devuelve un entero que representa la longitud de `s`.
- `s.count(x)`: devuelve un número entero que representa el número de apariciones de x en `s`.
- `s.index(x)`: devuelve un entero que representa el índice de x en `s`.

```
s = "hello world"
print(len(s))          # 11
print(s.index('h'))       # 0
print(s.count('o'))    # 2
res = s + " cucu"   # res vale hello world cucu
res = s * 2            # res vale hello worldhello world
```

Observación

Tenga en cuenta que, en programación, al contrario que en algoritmia, empezamos a contar desde 0 y no desde 1. Por tanto, el primer carácter de una cadena en Python es 0.

6. Ejercicios

6.1 Ejercicio 1

Escriba el algoritmo para calcular el área de un rectángulo cuya anchura y longitud vienen dadas por el usuario.

6.2 Ejercicio 2

Escriba el algoritmo que convierte el número entero de segundos introducido por el usuario, en un número de años, meses, días, horas, minutos y segundos. Para simplificar, supondremos que un año consta de 352 días y un mes de 30 días.

6.3 Ejercicio 3

Escriba dos algoritmos diferentes que inviertan los valores de dos variables. Estos valores los proporciona el usuario.

6.4 Ejercicio 4

Escriba el script para el algoritmo que calcula el área de un rectángulo cuya anchura y longitud las proporciona el usuario.

Observación

Recuerde probar todos los casos posibles en sus scripts Python para evitar sorpresas desagradables cuando se ejecuten inesperadamente.

6.5 Ejercicio 5

Escriba el script para el algoritmo que convierte un número entero de segundos introducido por el usuario, en un número de años, meses, días, horas, minutos y segundos.

6.6 Ejercicio 6

Escriba los códigos Python correspondientes a los dos algoritmos de inversión de valores de variables.

Capítulo 3
Condiciones, pruebas y buleanos

1. Pruebas y condiciones

1.1 Las condiciones son esenciales

En nuestra vida, nuestro comportamiento se rige por una multitud de decisiones que debemos tomar. Volviendo al ejemplo del paso de peatones, cruzaremos si el semáforo de peatones está en verde, de lo contrario esperaremos **si** está en rojo. Lo mismo ocurre con los algoritmos y los programas: tenemos que guiar al ordenador para que tome las decisiones adecuadas y ejecute correctamente nuestras instrucciones.

Recuerde que hay que explicárselo todo a la máquina, nunca tomará una decisión por sí sola, salvo quizás apagarse en caso de cortocircuito. Hay que indicarle al ordenador cuándo puede llevar a cabo las instrucciones. Por ejemplo, como cuando un adulto enseña a dibujar a un niño pequeño: el adulto enseña al niño cómo coger el lápiz, cuál es el extremo adecuado para dibujar, que solo se puede dibujar sobre una hoja de papel y no sobre una mesa o una pared, etc. La ventaja de la programación para nosotros es que nuestras explicaciones son mucho más sencillas de formular y que la máquina nos escucha necesariamente sin hacer nunca lo que ella quiera y, sobre todo, lo entiende perfectamente a la primera.

Las pruebas y condiciones representan una idea básica muy simple para guiar nuestro programa: elegir ejecutar una instrucción determinada en función de la validez de una condición. De esta manera, comprobamos la validez de una condición para dar permiso o no para seguir ejecutando el programa, por ejemplo: **si** el semáforo de peatones está en verde (condición), **entonces** cruzo (instrucción).

La prueba también puede contener una o más alternativas: **si** el semáforo de peatones está en verde (condición), **entonces** cruzo (instrucción), **de lo contrario** espero a que el semáforo de peatones se ponga en verde.

Cuando se habla de condición, en realidad se está hablando valor buleano. Los buleanos son los tipos más sencillos de la informática. Solo pueden recibir dos valores: `VERDADERO` o `FALSO`. por tanto, la relación entre una condición y un buleano es totalmente explícita, porque una condición siempre es una expresión buleana.

Una condición siempre es el resultado de una o varias comparaciones unidas por operadores lógicos (`Y`, `O` y `NO`).

Vamos a empezar viendo las estructuras condicionales con una única comparación, y luego introduciremos la lógica buleana (o álgebra buleana), para gestionar pruebas con varias condiciones.

1.2 Estructuras condicionales

En los algoritmos, existen dos estructuras condicionales:

- **SI ENTONCES SINO** permite probar cualquier condición con o sin una o más alternativas.
- En cambio, **CASO ENTRE** solo permite probar varias condiciones de igualdad con la misma variable en una única instrucción.

1.2.1 SI ENTONCES SINO

El `SI` algorítmico es un bloque de instrucciones sujeto que se ejecuta en función de una condición. Por este motivo, todas las líneas incluidas en el `SI` deben ir **indentadas** con una nueva tabulación.

Observación

Le recordamos la importancia de indentar un algoritmo o programa. La indentación simplifica la lectura, porque podemos detectar dónde empieza y dónde acaba un bloque sin tener que pensar. Por el momento, no puede ver realmente lo importante que es, pero a medida que avance el libro, será más que relevante con nuestros primeros programas complejos y completos.

Para indicar las instrucciones que se deben ejecutarse si la condición es verdadera, debemos precederlas de la palabra clave `ENTONCES`. Después de la palabra clave `SINO`, el algoritmo continúa normalmente, sin ninguna prueba.

Esta es la sintaxis de `SI ENTONCES`:

```
SI (condicion)
ENTONCES
   ...       // instrucciones a ejecutar si la condición
   ...       // es verdadera
FINSI
```

Ejemplo:

```
PROGRAMA Entero_positivo
VAR
   x : ENTERO
INICIO
   ESCRIBIR("Escriba un entero de su elección")
   x <- LEER()
   SI x > 0
   ENTONCES
      ESCRIBIR("Su entero es positivo")
   FINSI
FIN
```

En el algoritmo anterior, comprobamos si un número entero introducido por el usuario es positivo. ¿Qué ocurre si también queremos comprobar si el número entero es negativo? Lo primero que se le ocurriría sería añadir un nuevo `SI`.

Con dos SI consecutivos, el algoritmo comprueba ambas condiciones en cualquier caso, si el entero es positivo y después si el entero es negativo o viceversa, según el orden de los dos SI.

Sin embargo, estamos de acuerdo en que un número entero no puede ser positivo y negativo al mismo tiempo. Así que simplemente añadamos un SINO a nuestro algoritmo para los negativos:

```
PROGRAMA Entero_positivo_negativo
VAR
   x : ENTERO
INICIO
   ESCRIBIR("Escriba un entero de su elección")
   x <- LEER()
   SI x > 0
   ENTONCES
      ESCRIBIR("Su entero es positivo")
   SINO
      ESCRIBIR("Su entero es negativo")
   FINSI
FIN
```

Nuestro algoritmo es cada vez más preciso, pero aún nos queda un punto por definir: el entero con valor cero. El cero no es ni positivo ni negativo, así que es un caso especial.

Podemos añadir un SI al inicio del algoritmo para comprobar el valor cero, pero esta solución no es óptima. Sea cual sea el valor del número entero, se comprobará dos veces: una para la igualdad y otra para la superioridad, debido a lo SI que se suceden.

Una solución limpia y optimizada consiste en definir el cero como el caso por defecto del SINO añadiendo un nuevo SI, verificando si el entero es negativo SINO significa que es cero (ni positivo ni negativo). Poner un SI dentro de otro SI se llama instrucciones anidadas o **pruebas anidadas**.

```
PROGRAMA Entero_positivo_negativo_cero
VAR
   x : ENTERO
INICIO
   ESCRIBIR("Escriba un entero de su elección")
   x <- LEER()
   SI x > 0
```

```
    ENTONCES
          ESCRIBIR("Su entero es positivo")
    SINO
       SI x < 0
       ENTONCES
          ESCRIBIR("Su entero es negativo")
       SINO
          ESCRIBIR("Su entero es cero")
       FINSI
    FINSI
FIN
```

Recuerde siempre limitar las instrucciones y variables en sus algoritmos y programas para optimizar la gestión de la memoria, por las razones expuestas en el capítulo anterior y, por lo tanto, hacer que tu código sea más eficiente.

1.2.2 CASO ENTRE

Cuando anidamos muchos SI, nuestro algoritmo puede volverse difícil de leer y, por tanto, difícil de entender y corregir en caso de error. Una posible alternativa es utilizar el `CASO ENTRE`. Esta estructura condicional permite comprobar el valor de una variable y compararlo, **solo en términos de igualdad**, con otros valores. Al igual que el `SI`, permite tener un caso por defecto si ninguno de los valores probados es correcto. A continuación, se muestra la sintaxis:

```
CASO variable ENTRE :
   CASO1 : valor1
      ...   // instrucciones a realizar si variable vale valor1
   CASO2 : valor2
      ...   // instrucciones a realizar si variable vale valor2
   ...
   PREDETERMINADO
      ...    // instrucciones a realizar por defecto. Opcional
FINCASOENTRE
```

Puede probar tantos casos como necesite. El caso por defecto es completamente opcional.

Vamos a escribir un algoritmo para mostrar el nombre del mes en función de un número dado por el usuario. Por razones de legibilidad, nos limitaremos a los seis primeros meses del año. Nuestra primera versión se escribirá utilizando solo `SI` y la segunda utilizando `CASO ENTRE`.

```
PROGRAMA Mes_si_anidados
VAR
   mes : ENTERO
INICIO
   ESCRIBIR("Escriba un número entre 1 y 6 incluídos")
   mes <- LEER()
   SI mes = 1
   ENTONCES
       ESCRIBIR("Enero")
   SINO
       SI mes = 2
       ENTONCES
          ESCRIBIR("Febrero")
       SINO
          SI mes = 3
          ENTONCES
              ESCRIBIR("Marzo")
          SINO
             SI mes = 5
             ENTONCES
               ESCRIBIR("Mayo")
               SINO
               ESCRIBIR("Junio")
                 FINSI
            FINSI
       FINSI
   FINSI
FIN
```

```
PROGRAMA Mes_caso_entre
VAR
   mes : ENTERO
INICIO
   ESCRIBIR("Escriba un número entre 1 y 6 incluídos")
   mes <- LEER()
   CASO mes ENTRE :
      CASO : 1
         ESCRIBIR("Enero")
      CASO : 2
         ESCRIBIR("Febrero")
      CASO : 3
         ESCRIBIR("Marzo")
      CASO : 4
         ESCRIBIR("Abril")
      CASO : 5
         ESCRIBIR("Mayo")
      PREDETERMINADO
         ESCRIBIR("Junio")
   FINCASOENTRE
FIN
```

Es fácil ver, ya sea escribiendo o leyendo, que el algoritmo que utiliza `SI` se hace rápidamente complejo y puede dar lugar a errores, como la indentación o la sintaxis. Con el algoritmo usando `CASO ENTRE`, la escritura y la lectura son realmente naturales porque la sintaxis es más simple. Sin embargo, no olvide que `CASO ENTRE` solo puede probar igualdades, mientras que `SI` puede probar cualquier tipo de comparación.

Ahora veamos cómo combinar varias pruebas en una estructura condicional.

2. Lógica buleana

2.1 Condiciones múltiples

Escribir una condición que compruebe la validez de un único hecho es bastante lógico, incluso sencillo. La complejidad de las condiciones aumenta a medida que aumenta el número de hechos que hay que validar, ya sea en la vida cotidiana o en la informática.

Cuando ponemos a prueba múltiples condiciones como seres humanos, nuestros cerebros razonan tan rápido que no parece que estemos pensando o incluso resolviendo una ecuación. Pero en realidad sí lo estamos haciendo.

Volvamos al ejemplo del paso de peatones. Parece que es normal que, antes de cruzar un semáforo, se compruebe si el semáforo para peatones está en verde y también que ningún coche se salta el semáforo. Por tanto, está analizando dos condiciones y tiene la impresión de que está haciendo las dos cosas a la vez con una sola condición. Pero su cerebro recibe dos condiciones para comprobar, así que resuelve estas dos condiciones en una ecuación.

Como dijimos en el capítulo introductorio de este libro, es necesario describir todo a la máquina, paso a paso, no hay atajos. Así que necesitamos una forma sencilla de representar múltiples condiciones.

Para formular correctamente esta ecuación con varias condiciones, George Boole, matemático del siglo XIX, creó un álgebra binaria que Claude Shannon utilizó más de un siglo después en informática. El álgebra de Boole, también llamada lógica de Boole según el contexto, permite analizar varias condiciones a la vez en una misma ecuación y, por tanto, en una misma estructura condicional. Así que ya sabe de dónde viene el nombre de Buleano.

Implementar esta álgebra es casi natural en informática. Un ordenador funciona con impulsos eléctricos, por lo que `FALSO` se representa por 0 o ausencia de corriente, y `VERDADERO` por 1 o presencia de corriente.

Este proceso de cálculo da prioridad a unas condiciones sobre otras, en función de los operadores elegidos.

2.2 Álgebra o lógica buleana

La lógica buleana se basa en tres operadores: `Y`, `NO` y `O` y dos valores: `VERDADERO` y `FALSO`.

Con estos tres operadores lógicos, podemos decirle al ordenador cómo resolver correctamente múltiples condiciones.

2.2.1 Y lógico

El Y lógico representa la **multiplicación** de dos buleanos, es decir, dos condiciones, o lo que es lo mismo, dos comparaciones en informática. Los dos buleanos del `Y` deben ser `VERDADEROS` para que el conjunto sea `VERDADERO`. Por ejemplo, el semáforo para peatones debe estar en verde y el paso libre.

Observación

El Y lógico es más exactamente una analogía del signo de la multiplicación de dos números: si los dos números son positivos, el resultado será positivo, en caso contrario será negativo.

La siguiente figura muestra la tabla de verdad del operador lógico `Y`, es decir, todos los resultados posibles en función de los valores de los dos operandos buleanos, `a` y `b`, de este operador.

a/b	VERDADERO	FALSO
VERDADERO	VERDADERO	FALSO
FALSO	FALSO	FALSO

Tabla de verdad del Y lógico

Gracias a esta tabla de verdad, podemos pedir al ordenador que resuelva nuestra condición múltiple:

```
PROGRAMA Y_logico
VAR
semaforo_peaton_verde : BULEANO
paso_libre : BULEANO
INICIO
   ESCRIBIR("¿El semáforo está verde? VERDADERO o FALSO")
   semaforo_peaton_verde <- LEER()
   ESCRIBIR(" ¿El paso está libre? VERDADERO o FALSO ")
   paso_libre <- LEER()
   SI semaforo_peaton_verde Y paso_libre
   ENTONCES
      ESCRIBIR("Puede cruzar")
   SINO
      ESCRIBIR("No puede cruzar")
   FINSI
FIN
```

2.2.2 O lógico

El `O` lógico es la representación de la suma en matemáticas clásicas. Si uno de los dos operandos buleanos es `VERDADERO`, el resultado es `VERDADERO`, como se muestra en la tabla de verdad del `O` lógico en la siguiente figura.

a/b	VERDADERO	FALSO
VERDADERO	VERDADERO	VERDADERO
FALSO	VERDADERO	FALSO

Tabla de verdad del O lógico

Pongamos como ejemplo una comida. Tanto si bebemos como si comemos, nos estamos alimentando.

```
PROGRAMA alimentarse
VAR
   beber : BULEANO
   comer : BULEANO
INICIO
   ESCRIBIR("¿Usted bebe?")
   beber <- LEER()
   ESCRIBIR("¿Usted come?")
   comer <- LEER()
   SI beber O comer
   ENTONCES
      ESCRIBIR("Ustd se alimenta")
   SINO
      ESCRIBIR("Usted ayuna")
   FINSI
FIN
```

2.2.3 NO lógico

El último operador es un operador unario, es decir, solo funciona con un valor. El `NO` lógico invierte el valor del buleano al que se aplica, de modo que `VERDADERO` se convierte en `FALSO` y viceversa, como muestra su tabla de verdad en la siguiente figura. Podemos asimilar este operador al espíritu de la contradicción.

a	NO a
VERDADERO	FALSO
FALSO	VERDADERO

Tabla de verdad del NO lógico

A continuación, se muestra un sencillo algoritmo para utilizar `NO`:

```
PROGRAMA No_logico
VAR
   b : BULEANO <-VERDADERO
INICIO
   ESCRIBIR(NO b)            // muestra FALSO
   ESCRIBIR (NO (NO b))     // muestra VERDADERO
FIN
```

2.2.4 Reglas de prioridad

El `Y` lógico prevalece sobre el `O` lógico, igual que la multiplicación prevalece sobre la suma. El `NO` lógico prevalece sobre el `Y` lógico y, por tanto, también sobre el `O` lógico. Estas reglas se pueden resumir del siguiente modo: `NO` prevalece sobre `Y` que, a su vez, prevalece sobre `O`.

Estas dos reglas de prioridad son completamente idénticas al pensamiento humano. La negativa, es decir, el `NO` lógico, se aplica antes que todo lo demás, como en castellano, luego la conjunción (la unión, es decir, el `Y` lógico) luego la disyunción (la alternativa, es decir, el `O` lógico).

Si queremos romper estas dos reglas, podemos utilizar paréntesis de la misma forma que en las matemáticas clásicas, ya que nos permiten cambiar las prioridades de nuestro cálculo con subcálculos que se deben evaluar en primer lugar.

Juguemos un poco con cálculos buleanos:

- `VERDADERO Y FALSO` O `VERDADERO` devuelve `VERDADERO`.
- (`VERDADERO Y FALSO`) O `VERDADERO` devuelve `VERDADERO` (los paréntesis no cambian el orden de prioridad aquí).
- `VERDADERO Y (FALSO OR VERDADERO)` devuelve `VERDADERO` porque `FALSO O VERDADERO` devuelve `VERDADERO` y es la expresión que se calcula en primer lugar.
- `NO VERDADERO Y VERDADERO` es `FALSO` porque se convierte en `FALSO Y VERDADERO`, prevaleciendo el `NO` lógico.
- `NO (FALSO Y VERDADERO)` devuelve `VERDADERO` porque el `NO` lógico se aplica al resultado del `Y` lógico, es decir, `NO FALSO`.

2.2.5 Un ejemplo concreto

Vamos a considerar como ejemplo un árbol de decisión bastante sencillo: podemos salir al exterior en función de unos criterios predefinidos, resumidos en la siguiente figura:

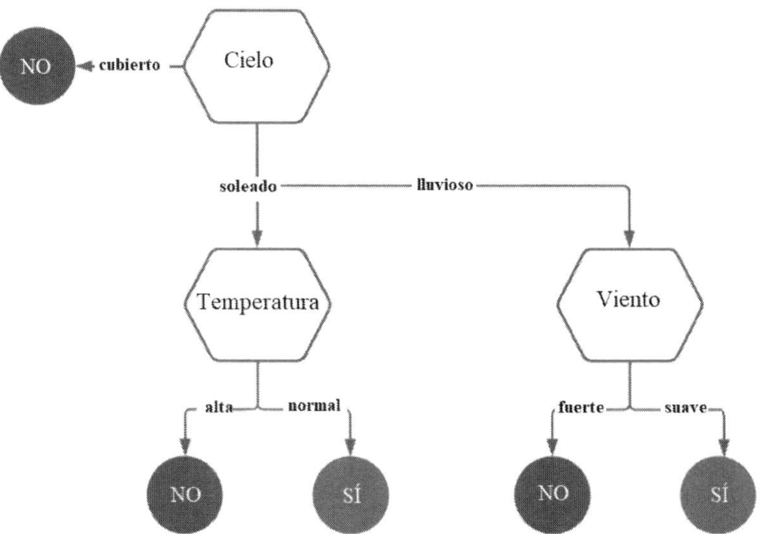

Árbol de decisión del caso: ?debo salir o no¿

En este ejemplo, no salimos si está nublado. Si hace sol, saldremos en función de la temperatura: si es normal, saldremos, si es alta, no. Si está lloviendo, el viento será el factor decisivo: saldremos con viento flojo y nos quedaremos dentro con viento fuerte. Vamos a traducir todo este pensamiento en un algoritmo.

```
PROGRAMA Salir_o_quedarse_no_optimizado
VAR
   cielo : CADENA
   temperatura : CADENA
   viento : CADENA
INICIO
   ESCRIBIR("¿Cómo está el cielo: cubierto, lluvioso o
soleado?")
   cielo <- LEER()
```

```
   ESCRIBIR("¿Cuál es la temperatura: normal o calurosa")
   temperatura <- LEER()
   ESCRIBIR("¿Cómo es el viento: suave o fuerte")
   viento <- LEER()
   SI cielo = "cubierto"
   ENTONCES
      ESCRIBIR("Nos quedamos dentro")
   SINO
      SI cielo = "soleado"
      ENTONCES
         SI temperatura = "normal"
         ENTONCES
            ESCRIBIR("Salimos fuera")
         SINO
            SI temperatura = "calurosa"
            ENTONCES
               ESCRIBIR("Nos quedamos dentro")
            FINSI
         FINSI
      SINO
         SI cielo = "lluvioso"
         ENTONCES
            SI viento = "suave"
            ENTONCES
               ESCRIBIR("Salimos fuera")
            SINO
               SI viento = "fuerte"
               ENTONCES
                  ESCRIBIR("Nos quedamos dentro")
               FINSI
            FINSI
         FINSI
      FINSI

   FINSI
FIN
```

Podemos escribir nuestras condiciones con un solo `IF`, utilizando la lógica buleana para un algoritmo con mejor rendimiento.

```
PROGRAMA Salir_o_quedarse
VAR
   cielo : CADENA
   temperatura : CADENA
   viento : CADENA
INICIO
   ESCRIBIR("¿Cómo está el cielo: cubierto, lluvioso o
soleado?")
   cielo <- LEER()
   ESCRIBIR("¿Cuál es la temperatura: normal o calurosa?")
   temperatura <- LEER()
   ESCRIBIR("Cómo es el viento: suave o fuerte?")
   viento <- LEER()
   SI (cielo = "soleado" Y temperatura = "normal")
O (cielo = "lluvioso" Y viento = "suave")
   ENTONCES
      ESCRIBIR("Salimos fuera")
   SINO
      ESCRIBIR("Nos quedamos dentro")
   FINSI
FIN
```

Ahora que hemos cubierto toda la teoría relacionada con la gestión de condiciones, pasemos a su implementación en Python.

3. Bloques en Python

3.1 La importancia de la indentación

Python es un lenguaje con una sintaxis bastante particular que exige rigor por parte del desarrollador. Este rigor permite aligerar la sintaxis de Python y forzar buenas prácticas de desarrollo.

En Python, el código que no está indentado no se puede ejecutar por el intérprete.

Un script de Python se divide en bloques. Cada bloque se debe indentar con una nueva tabulación, como se muestra en la siguiente figura. Para volver al bloque anterior, basta con quitar un tabulador de las instrucciones. Para indicar al intérprete que un bloque está comenzando, la instrucción debe terminar con el carácter ":".

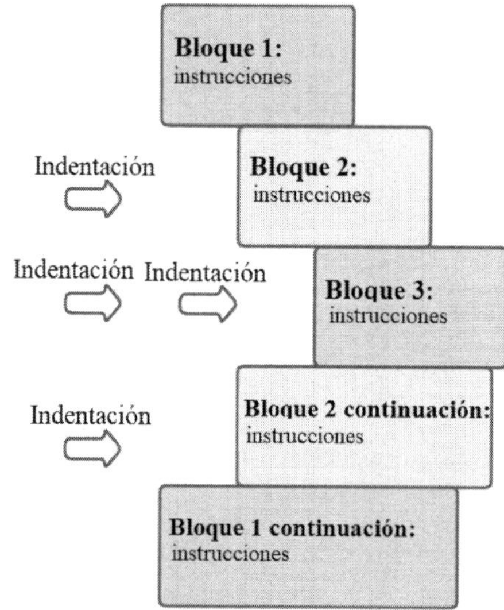

Indentación con Python

La regla es sencilla: un bloque de instrucciones = una indentación.

¿Por qué hablamos de esta regla? Simplemente porque una estructura condicional en Python se debe representar por un bloque. Al igual que Python utiliza un salto de línea para terminar una sentencia, utiliza un bloque para una sentencia condicional.

3.2 Visibilidad de las variables

Esta noción de bloque significa que tenemos que fijarnos en la visibilidad de las variables, también conocida como ámbito.

Las variables de un algoritmo se pueden utilizar en cualquier línea porque todas son conocidas a lo largo del algoritmo gracias a su declaración en el bloque VAR al principio del algoritmo. Estas variables se conocen como variables globales.

En Python, las variables se pueden declarar en cualquier momento, a diferencia de los algoritmos. Por lo tanto, las variables no son globales, sino locales al bloque en el que se declaran. Una variable declarada en el bloque 1 de la siguiente figura, se puede consultar en todos los bloques anidados dentro de él. Sin embargo, a una variable declarada en el bloque 2 solo pueden acceder el bloque 2 y el bloque 3. Lo mismo se aplica al bloque 3, es decir, a una variable declarada en el bloque 3 solo puede acceder el bloque 3. Y así sucesivamente si su script tiene más bloques que el de nuestro ejemplo.

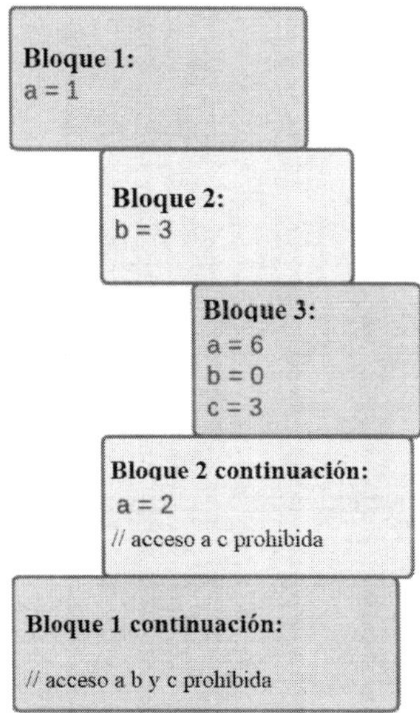

Variables y bloques

3.3 Condiciones en Python

Como sucede con los algoritmos, las condiciones en Python deben ser de tipo buleano. Se obtienen por comparación utilizando los operadores <, <=, >, >=, == o !=.

Para establecer varias condiciones, debe utilizar los operadores lógicos `and`, `or` o `not`. El orden de prioridad es el mismo que en la lógica buleana, así que no dude en utilizar paréntesis para asegurarse de que su condición describe las pruebas que quieres realizar.

Observación

No utilice paréntesis para una condición simple. Veremos más adelante que el uso excesivo de paréntesis en Python puede causar confusión cuando el intérprete y los humanos leen el script.

3.4 Instrucciones condicionales

3.4.1 SI ENTONCES SINO

La estructura condicional `SI ENTONCES SINO` se expresa en Python mediante las sentencias `if`, `else` y `elif`.

Como una instrucción condicional es un bloque por definición, el `ENTONCES` del algoritmo se sustituye por dos puntos y la indentación. El `FINSI` es simplemente el retorno de una indentación en el código con la eliminación de una tabulación.

La traducción de `SINO` es `else`. En Python, las pruebas anidadas se traducen utilizando `elif`, que es una contracción de las palabras *else* e *if*. Esta sintaxis hace que las pruebas anidadas sean mucho más fáciles de entender y menos complejas de escribir.

Observación

Dependiendo de sus necesidades, también puede anidar pruebas dentro de otras pruebas; no hay reglas sintácticas que se lo impidan.

Como en los algoritmos, solo es obligatoria la sentencia `if`, mientas que las sentencias `else` y `elif` son opcionales.

Vamos a traducir a Python los tres algoritmos para comprobar el signo de un número entero.

```
x = int(input('Escriba un entero')
if x > 0 :
   print("x es positivo")
```

```
x = int(input('Escriba un entero')
if x > 0 :
   print("x es positivo")
else :
   print("x es negativo)
```

```
x = int(input('Escriba un entero')
if x > 0 :
   print("x es positivo")
elif x < 0 :
   print("x es negativo")
else :
   print("x es cero")
```

El último ejemplo muestra la elegancia y sencillez de la instrucción `elif`.

Terminemos de aprender `SI ENTONCES SINO` en Python con los dos scripts correspondientes a los algoritmos que determinan si salimos o nos quedamos dentro de casa.

- Con los `SI` anidados:

```
ciel = input("¿Cómo está el cielo: soleado, cubierto o
lluvioso?")
temperatura = input("¿Cuál es la temperatura: calurosa o
normal?")
lluvioso = input("¿Cómo es el viento: fuerte o suave?")
if cielo == "cubierto" :
   print("Nos quedamos dentro")
elif cielo == "soleado" :
   if temperatura == "normal" :
```

```
        print("Salimos fuera")
    elif temperatura == "calurosa" :
        print("Nos quedamos dentro")
elif cielo == "lluvioso" :
    if viento == "suave" :
        print("Salimos fuera")
    elif viento == "fuerte" :
        print("Nos quedamos dentro")
```

– Con un solo `SI`:

```
cielo = input("¿Cómo esta  el cielo: soleado, cubierto o lluvioso?")
temperatura = input("¿Cuál es la temperatura: calurosa o normal?")
lluvioso = input("¿Cómo es el viento : fuerte o suave?")
if (cielo == 'soleado' and temperatura == 'normal') or
(cielo == 'lluvioso' and viento == 'suave') :
    print("Salimos fuera")
else :
    print("Nos quedamos dentro")
```

Con este script, podemos ver que la complejidad reside en la creación de la condición y no en la sintaxis de Python, al igual que en los algoritmos.

3.4.2 Operador ternario

El operador ternario es una estructura condicional simple que se escribe en una línea en lugar de en un bloque. Se utiliza principalmente para asignar un valor en función de una condición, con un valor por defecto si la condición no se valida. A continuación, se muestra su sintaxis:

```
expresion1 if condicion else expresion2
```

El operador ternario devuelve la expresion1 si condicion es verdadera, en caso contrario devuelve la expresion2.

Veamos este operador con un ejemplo concreto. Vamos a preguntar al usuario su edad y le diremos si es mayor o menor de 18 años.

```
edad = int(input("Escriba su edad")
res = 'menor de edad' if edad < 18 else 'mayor de edad'
print("Usted es ", res)
```

3.4.3 CASO ENTRE

Debido a la simplicidad de la sentencia `elif`, la estructura condicional `CASO ENTRE` no existe en Python: siempre tenemos que utilizar un `if`.

Por tanto, los dos algoritmos que muestran el nombre del mes en función de su número se convierten en el siguiente script único:

```
mois = int(input('Escriba un entero entre 1 y 6'))
if mes == 1 :
   print('Enero')
elif mes == 2 :
   print('Febrero')
elif mes == 3 :
   print('Marzo')
elif mes == 4 :
   print('Abril')
elif mes == 5 :
   print('Mayo')
else :
   print('Junio')
```

Este ejemplo ilustra el poder de la sentencia `elif` y el hecho de que el `CASO ENTRE` ya no es útil en Python.

4. Ejercicios

4.1 Ejercicio 1

Escriba el algoritmo y, a continuación, el script Python que calcula el siguiente descuento para un importe real introducido por el usuario: se concede un descuento del 5% para cualquier importe comprendido entre 100 y 500 euros y del 8% por encima de esa cifra. Acuérdese de probar su script para todos los casos posibles.

4.2Ejercicio 2

Escriba el algoritmo y luego el script en Python que haga que el usuario introduzca tres enteros, i, j y k, los ordene en orden ascendente y los muestre para comprobar tu ordenación.

4.3 Ejercicio 3

Escriba el algoritmo y luego el script en Python que calcula el signo del producto de dos reales introducidos por el usuario, sin utilizar la multiplicación ni ningún otro cálculo.

4.4 Ejercicio 4

Escriba un algoritmo que determine si un año introducido por el usuario es bisiesto. Un año bisiesto es un número entero divisible por cuatro solo si no representa un año centenario (2000, 1900, 1800, etc.). En este caso, el número entero también debe ser divisible por 400. Codifique el script Python correspondiente.

Capítulo 4
Bucles

1. Estructuras iterativas

1.1 Iterar para programar mejor

En el capítulo anterior, aprendimos a guiar nuestro algoritmo para probar condiciones para ejecutar o no instrucciones. Este fue el primer paso importante para informar a la máquina lo que debía hacer y, sobre todo, cuándo hacerlo. Ahora vamos a pasar al segundo paso esencial: las iteraciones.

Volvamos a los dos ejemplos del primer capítulo: las instrucciones de montaje de un mueble en kit y la receta de una tarta de manzana.

En las instrucciones de montaje, a menudo se nos pide que repitamos las mismas acciones utilizando los mismos tipos de piezas. Un ejemplo se muestra en el siguiente diagrama: se nos pide que insertemos cuatro tornillos en un tablero y que lo hagamos para los cuatro tableros. Se trata de la misma acción, que se debe realizar cuatro veces, es decir, una iteración de cuatro vueltas. El x4 de la figura indica este número de iteraciones y nos parece significativo y perfectamente lógico. Ya veremos cómo traducirlo para el ordenador en el resto de este capítulo.

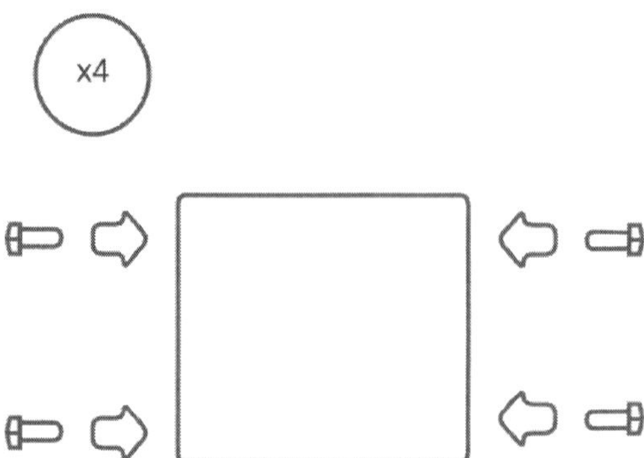

Un paso en las instrucciones de montaje de los muebles en kit

Para la receta de cocina, las repeticiones se encuentran en la gestión de las manzanas: para cada manzana, pelarla y cortarla en rodajas que se colocarán en la tarta. No dejamos de hacer esto mientras queden manzanas para la tarta. También podemos decir que continuamos estas acciones hasta que no queden manzanas.

Con estos dos ejemplos, hemos visto los tres casos principales de iteración posibles en informática: con un **número fijo de iteraciones** y con una **prueba de la validez de una condición**, antes o después de repetir las acciones.

El ordenador, como nosotros, tiene que ejecutar acciones idénticas varias veces, y esto es posible gracias a las instrucciones **iterativas**, a menudo llamadas **bucles** por los desarrolladores. Aquí, una iteración representa una secuencia de instrucciones que se deben ejecutar varias veces, con un número fijo de repeticiones o una condición que se debe validar para detener o continuar las iteraciones.

1.2 ¿Cómo se itera correctamente?

Todos los algoritmos y lenguajes de programación tienen varias instrucciones para iterar. Cada una de estas instrucciones se corresponde con una iteración concreta, como vimos con los ejemplos de la sección anterior:

- Queremos seguir repitiendo instrucciones mientras se valide una instrucción: `MIENTRAS` (receta de la tarta, primera observación).
- Queremos seguir repitiendo instrucciones hasta que se valide una condición, pero forzando la primera iteración: `REPETIR HASTA` (receta pastel, segunda observación).
- Sabemos exactamente cuántas repeticiones tenemos que hacer: FOR (instrucciones de montaje).

Observación

Las estructuras iterativas también se utilizan para evitar copiar y pegar instrucciones. Si tiene que copiar varias instrucciones idénticas y pegarlas una tras otra, puede que tenga que utilizar una estructura iterativa. Por ejemplo, para mostrar una cuenta atrás de 10 a 0, es más sencillo hacer un bucle decrementando un entero y mostrándolo, que reescribir once veces su decremento y mostrándolo.

2. Mientras

2.1 Principio y sintaxis

Podemos comparar el `MIENTRASQUE` con un `SI ENTONCES` que se repite mientras la condición sea válida. Esta estructura realiza un número indefinido de iteraciones en función de la validez de la condición. Estas iteraciones solo se detienen cuando la condición deja de ser válida.

Las instrucciones a repetir se encuentran en el bloque de esta estructura:

```
MIENTRASQUE (condicion)
HACER
   ...   // resto de instrucciones a repetir
FINMIENTRASQUE
```

Volvamos a la cocina con nuestra tarta de manzana. Una forma de manipular las manzanas con esta estructura sería la siguiente:

```
MIENTRASQUE queden manzanas
HACER
   Coger una manzana
   Pelar la manzana
   Cortar la manzana en rodajas
FINMIENTRASQUE
```

La dificultad con `MIENTRASQUE` es encontrar la condición correcta que se debe probar. Si esta condición se satisface siempre, su iteración será infinita, nunca se detendrá y su programa permanecerá bloqueado en las instrucciones del bloque, sin terminar nunca. Si la condición no se cumple nunca, el bucle no se ejecuta ni una sola vez. Esto es lo que los desarrolladores llaman un **bucle infinito**.

Veamos ahora `MIENTRASQUE` en algoritmos concretos.

2.2 Ejemplos

Un ejemplo sencillo de `MIENTRASQUE` es hacer que el ordenador haga una cuenta. El algoritmo dejará de mostrar la cuenta solo cuando alcance el valor introducido por el usuario.

```
PROGRAMA Contar_Mientras_que
VAR
   cont : ENTERO <- 1
    limite : ENTERO
INICIO
   ESCRIBIR("Escriba un número superior a 1")
    limite <- LEER()
   MIENTRASQUE cont ?  limite
   HACER
      ESCRIBIR(cont)
```

```
      cont <- cont + 1
   FINMIENTRASQUE
FIN
```

Otro ejemplo, un poco más matemático: introducir el valor entero de un número real positivo. Para ello, la lógica es bastante sencilla: **incrementamos** un entero (lo aumentamos en 1) siempre que sea menor que el valor del real **decrementado** en 1 (lo disminuimos en 1).

```
PROGRAMA Parte_entera
VAR
   parte_entera : ENTERO <- 0
   x : REAL
INICIO
   ESCRIBIR("Escriba un número real positivo o cero")
   x <- LEER()
   MIENTRASQUE (parte_entera + 1) <= x
   HACER
      parte_entera <- parte_entera + 1
   FINMIENTRASQUE
   ESCRIBIR("La parte entera de ", x, " es ", parte_entera)
FIN
```

Un último ejemplo es un menú de usuario que se repite hasta que el usuario introduzca una cadena de caracteres específica. En nuestro caso, vamos a hacer un menú sencillo que pregunte al usuario si desea continuar (entrada es igual a sí) o parar (entrada es igual a no).

```
PROGRAMA Menu_mientras_que
VAR
   respuesta : CADENA
INICIO
   ESCRIBIR("¿Desea continuar? (sí/no)")
   respuesta <- LEER()
   MIENTRASQUE respuesta = "sí"
   HACER
      ESCRIBIR("¿Desea continuar? (sí/no)")
      respuesta <- LEER()
   FINMIENTRASQUE
FIN
```

¿No se le plantea un problema con este último ejemplo? Tenemos dos instrucciones, `ESCRIBIR` y `LEER`, que se escriben una vez antes de la estructura iterativa y luego se repiten una vez más en el bloque de la estructura iterativa. Esto no es óptimo porque estamos escribiendo las mismas instrucciones varias veces, sin que esto tenga mucho interés. Para corregir esto, vamos a ver la estructura iterativa `REPETIR HASTA`.

3. Repetir ... hasta

3.1 Principio y sintaxis

`REPETIR HASTA` se puede considerar como un `MIENTRASQUE` **invertido**: las instrucciones se repiten una vez antes de comprobar la condición. Sea cual sea la validez de la condición, las instrucciones del bloque se ejecutan necesariamente una vez.

```
REPETIR
   ...   // resto de instrucciones a repetir
HASTA (condicion)
```

Nuestra segunda versión para gestionar las manzanas de nuestra tarta es la siguiente:

```
REPETIR
HACER
   Coger una manzana
   Pelar la manzana
   Cortar la manzana en rodajas
HASTA no queden manzanas
```

Observación

*Podemos ver que las condiciones para `MIENTRASQUE` y `REPETIR HASTA` son **condiciones inversas**. Estamos comprobando si queda alguna manzana con la condición `MIENTRASQUE`, mientras que estamos comprobando si no queda ninguna manzana con la condición `REPETIR HASTA`.*

3.2 Ejemplo

Corrijamos nuestro menú con esta nueva estructura iterativa:

```
PROGRAMA Menu
VAR
   respuesta : CADENA
INICIO
   REPETIR
      ESCRIBIR("¿Desea continuar? (sí/no)")
      respuesta <- LEER()
   HASTA respuesta = no
FIN
```

Con este algoritmo, podemos ver que REPETIR HASTA es más apropiado para nuestro menú de usuario, ya que los operadores LEER y ESCRIBIR solo se escriben una vez, con el mismo resultado que con el algoritmo anterior.

4. Para

4.1 Principio y sintaxis

La estructura iterativa PARA corresponde al caso de repetición de las instrucciones de montaje de muebles kit. El bloque de instrucciones se **repite un número específico de veces**, determinado antes de la estructura.

PARA se debe utilizar siempre con una variable que nos permita saber en qué número de iteración nos encontramos: el **contador**, comúnmente conocido como i en programación.

Este contador debe empezar de un valor inicial y terminar en un valor final. Cuando supera este valor final, las iteraciones se detienen y se ejecuta el resto del programa.

Para pasar del valor inicial al valor final, es necesario declarar un **paso** que especifica cómo cambiará de valor el contador de una iteración a la siguiente. Este paso se aplica en cada iteración y debe ser un número entero, positivo o negativo. El valor del paso se añade automáticamente al contador en cada nueva iteración.

Observación

Si quiere escribir un `PARA` decreciente, que por lo tanto decrementa el contador, lo único que tiene que hacer es declarar un paso negativo.

```
VAR contador : ENTERO
PARA contador DESDE ... a ... CON INCREMENTO DE ...
HACER
   ...   // resto de instrucciones a repetir
FINPARA
```

Modelemos las instrucciones de montaje como un algoritmo:

```
PROGRAMA Notice
   contador : ENTERO
INICIO
   PARA contador DESDE 1 HASTA 4 CON INCREMENTO DE 1
   HACER
      Coger une tablero sin tornillos
      Atornillar los cuatro tornillos a este tablero
   FINPARA
FIN
```

4.2 Ejemplos

El ejemplo más clásico de PARA es la tabla de multiplicar. Vamos a mostrar la tabla de multiplicar del número que elija el usuario.

```
PROGRAMA Tabla_multiplicacion
   i : ENTERO
   entrada_usuario : ENTERO
INICIO
   ESCRIBIR("¿Qué tabla de multiplicación desea mostrar?
(entero entre 1 y 10)")
   entrada_usuario <- LEER()
   PARA i DESDE 1 HASTA 10 CON INCREMENTO DE 1
   HACER
      ESCRIBIR(i," x ", entrada_usuario," = ",
entrada_usuario x i)
   FINPARA
FIN
```

Ahora que ya sabe lo que es PARA, puede que se esté preguntando por nuestro algoritmo Contar_mientras. ¿Parece inapropiado para la lógica? La respuesta es, por supuesto, sí: contar hasta un final dado implica un contador y, por tanto, una estructura PARA.

```
PROGRAMA Contar
VAR
   cont : ENTERO <- 1
    limite : ENTERO
INICIO
   ESCRIBIR("Escriba un número superior a 1")
    limite <- LEER()
   PARA i DESDE 1 HASTA limite CON INCREMENTO DE 1
   HACER
      ESCRIBIR(cont)
   FINPARA
FIN
```

Este algoritmo es más seguro que el que utiliza el MIENTRASQUE: como el incremento del contador lo gestiona automáticamente el PARA, podemos estar seguros de que este bucle terminará, mientras que el MIENTRASQUE deja este incremento al desarrollador, que puede olvidarlo, de ahí el riesgo de bucle infinito.

5. Estructuras iterativas anidadas

Hemos simplificado demasiado nuestros dos algoritmos cotidianos. De hecho, hay un proceso que hacer para cada rodaja de manzana en la receta y otro para cada tornillo en las instrucciones de montaje. Así que necesitamos una iteración en otra.

Al igual que con la estructura condicional SI, se pueden anidar estructuras iterativas dentro de otras y anidar condicionales dentro de iterativas y viceversa. Las posibilidades de anidamiento son infinitas, lo que nos permite escribir programas complejos que resulten interesantes para el usuario.

Veamos nuestros dos ejemplos con más detalle, anidando una estructura iterativa dentro de las ya existentes:

```
PROGRAMA receta_tarta_manzanas
MIENTRASQUE hay manzanas
HACER
   Coger una manzana
   Pelar la manzana
   Cortar la manzana en rodajas
   REPETIR
      Colocar la rodaja en la tarta
   HASTA no haya rodajas
FINMIENTRASQUE
```

```
PROGRAMA Instrucciones_completadas
   i, j : ENTERO
INICIO
   PARA i DESDE 1 a 4 CON INCREMENTO DE 1
   HACER
      PARA j DESDE 1 HASTA 4 CON INCREMENTO DE 1
      HACER
         Poner el enésimo tornillo en el emésimo tablero
      INPARA
   FINPARA
FIN
```

Observación

En las estructuras `PARA` anidadas, por convención se suelen utilizar las letras i, j, k, l... para los contadores, como en matemáticas.

Acuérdese de los cuadernos de ejercicios de matemáticas, y más concretamente de las tablas de multiplicar. Vamos a escribir el algoritmo que genera estas tablas.

```
PROGRAMA Tablas_multiplicacion
   i, j : ENTERO
INICIO
   PARA i DESDE 1 HASTA 10 CON INCREMENTO DE 1
   HACER
      ESCRIBIR("Tabla de ", i)
      PARA j DESDE 1 HASTA 10 CON INCREMENTO DE 1
      HACER
         ESCRIBIR(i," x ",j," = ",j x i)
      FINPARA
   FINPARA
FIN
```

6. Cuidado, peligro

El primer peligro de las estructuras condicionales es el **bucle infinito**. Necesita estar seguro de que su condición de salida se validará durante la ejecución del algoritmo o de que tu contador alcanzará el límite máximo.

Veamos dos ejemplos de bucles infinitos.

El primero es un recuento con el bucle `MIENTRASQUE`:

```
PROGRAMA Contar_infinito
VAR
   cont : ENTERO <- 1
    limite : ENTERO
INICIO
   ESCRIBIR("Escriba un número superior a 1")
    limite <- LEER()
   MIENTRASQUE cont ?  limite
   HACER
      ESCRIBIR(cont)
   FINMIENTRASQUE
FIN
```

Este algoritmo nunca incrementa el valor de la variable `cnt`. Como resultado, el valor de esta variable siempre será diferente del de la variable correspondiente y las iteraciones nunca se detendrán, por lo que se mostrará un 1 en el infinito.

Observación

Si tiene un número fijo de iteraciones, utilice siempre una estructura `PARA`.

La segunda es una ligera modificación de nuestra tabla de multiplicar:

```
PROGRAMA Tabla_multiplicacion_infinito
   i : ENTERO
   entrada_usuario : ENTERO
INICIO
   ESCRIBIR("¿Qué tabla desea mostrar?")
   entrada_usuario <- LEER()
   PARA i DESDE 1 a 10 CON INCREMENTO DE -1
   HACER
      ESCRIBIR(i," x ", entrada_usuario," = ", entrada_usuario x i)
   FINPARA
FIN
```

Hemos dejado premeditadamente un pequeño error lógico en este algoritmo: el paso del contador es -1 y no 1. Por lo tanto, el contador tendrá un valor de 1, 0, -1, -2, -3, ... y nunca alcanzará el valor 10. Por lo tanto, el bucle será infinito y si el usuario introduce un valor de 10, mostrará en pantalla: 10, 0, -10, -20, -30...

Así que recuerde elegir cuidadosamente los elementos de sus estructuras iterativas para evitar bucles infinitos.

Un último peligro proviene de la anidación de varias estructuras iterativas.

Cuantas más estructuras anide unas dentro de otras, más operaciones se repetirán y, por tanto, más tendrá que recordar el ordenador estas instrucciones, los resultados intermedios y los valores de los contadores, entre otros. Dependiendo del objetivo de estas anidaciones, por ejemplo, un cálculo complejo con seis anidaciones de PARA iterando 1000 veces cada una, puede saturar la memoria del ordenador. Una vez saturada, el programa ya no se podrá ejecutar y habrá alcanzado los límites de la máquina. Este problema se denomina **desbordamiento de memoria** y no hay nada que pueda hacer al respecto, excepto replantearse su lógica.

7. Iteraciones en python

7.1 Para

Una de las características especiales del lenguaje Python es la estructura `PARA`. En algoritmia, esta estructura necesita un contador, un valor inicial y un valor final para este contador y un paso. Python traduce esta estructura como `PARA CADA`.

El `PARA CADA` de Python itera sobre un conjunto de valores y pone cada uno de estos valores en una variable, uno por iteración.

Su sintaxis es la siguiente:

```
for variable in conjunto_valores :
   # bloque de instrucciones a repetir
```

Empecemos iterando sobre una cadena de caracteres (que es un conjunto de caracteres):

```
for carac in "hello world" :
   print(carac, end="")
print()  # un salto de línea adicional para la visualización
```

El `for` anterior muestra cada carácter de la cadena hola mundo en una línea, uno detrás de otro.

¿Cómo podemos utilizar `PARA CADA` para escribir nuestro `FOR`? Para ello, existe una instrucción especial en Python que da un conjunto de valores numéricos: el `rango`.

El `rango` recibe como mínimo un parámetro que especifica el límite máximo del conjunto. `range(10)` nos dará los diez primeros enteros. Este límite no se incluye en el conjunto de valores devueltos.

Por defecto, `range` empieza con el valor inicial 0. Si desea comenzar con otro valor inicial, debe especificarlo como primer parámetro: `range(1,11)` devuelve los 10 primeros enteros positivos.

Para cambiar el paso, que por defecto es 1, hay que añadir un tercer parámetro: `range(1, 11, 2)` da los cinco primeros enteros impares.

Así que vamos a utilizar este rango para escribir nuestra estructura iterativa PARA en Python.

```
for i in range(10) :
   print(i, end ='')   # muestra 0123456789
print()         # hasta un salto de línea
for i in range(1, 11) :
   print(i, end ='')   # muestra 12345678910
print()
for i in range(1, 11, 2) :
   print(i, end ='')   # muestra 13579
print()
```

Volvemos a nuestra estructura iterativa PARA del algoritmo con una sintaxis menos extensa: por defecto, el contador empieza en 1 y el paso es 1.

Por convención, en programación nunca se incluyen límites máximos, salvo raras excepciones.

Podemos traducir nuestro algoritmo calculando una tabla de multiplicar:

```
tabla = int(input("Escriba un entero entre 1 y 10"))
for i in range(1, 11) :
   print(i, 'x', tabla, '=', tabla *i)
```

7.2 Mientras que

Python solo cambia la filosofía de PARA, el MIENTRASQUE sigue siendo el mismo, solo se traduce al inglés por la palabra clave while.

Su sintaxis es la siguiente:

```
while condicion :
   # bloque de instrucciones a repetir
```

Traduzcamos nuestro algoritmo `Parte_entera` a Python:

```
x = eval(input("Escriba un real positivo o cero"))
n = 0
m = n + 1
while m <= x :
   n += 1
   m = n + 1
print("la parte entera de", x, "es", n)
```

7.3 Repetir hasta

La estructura iterativa `REPETIR HASTA` no existe en Python. Tendremos que usar una sentencia while en su lugar, aunque eso signifique repetir instrucciones:

```
respuesta = input("¿Desea continuar? (sí/no)")
while respuesta != 'no' :
   respuesta = input("¿Desea continuar? (sí/no)")
```

7.4 Bucles anidados

Al igual que las pruebas anidadas son posibles en Python, también lo son los bucles anidados.

Vamos a codificar un script para generar las tablas de multiplicar del 1 al 10:

```
for i in range(1, 11) :
   for j in range(1, 11) :
      print(i, 'x', j, '=', j *i)
   print()   # un salto de línea entre cada tabla para la
             # legibilidad
```

7.5 Ir más lejos

Python, al igual que otros lenguajes de programación, ha añadido características a las estructuras iterativas para poder gestionarlas de forma más fina.

7.5.1 Break

La palabra clave `break` se utiliza en una sentencia `for` o `while` para interrumpir el bucle actual.

```
for i in range(10) :
   print(i)
   break
```

El script anterior muestra el valor 0 y se detendrá en el `break`. Por convención, se utiliza un `break` en un `if` para detener las iteraciones cuando una condición es válida.

```
for i in range(10) :
   if i == 5 :
      break
   print(i)
```

El script anterior muestra los valores de 0 a 4 y deja de iterar en cuanto la variable `i` recibe el valor 5.

La pausa solo se debe utilizar si no se puede hacer otra cosa; no es una buena técnica de programación.

7.5.2 Continue

`Continue` es un **cortocircuito**: permite saltarse la iteración actual y pasar a la siguiente automáticamente sin ejecutar las instrucciones del bloque de bucle. Se utiliza siempre en una estructura condicional.

```
for i in range(10) :
   if i == 5 :
      continue
   print(i)
```

El script anterior muestra los valores de 0 a 4 y luego de 6 a 10. Cuando el contador llega a 5, el programa ejecuta las instrucciones `if`, es decir, `continue`, saltándose así esta iteración.

Observación

`Continue`, al igual que `break`, solo se debe utilizar si no se puede hacer otra cosa, ya que no es una buena técnica de programación.

7.5.3 Bucle-else

Python permite gestionar los bucles interrumpidos por un `break` de forma más fina, utilizando "bucle-else". El principio es bastante sencillo: el bucle va seguido de un bloque `else`. Las instrucciones del bloque `else` se ejecutan después del bucle solo si éste no ha sufrido un `break`, es decir, si se ha ejecutado normalmente. El bloque `else` se puede aplicarse tanto a bucles `for` como a bucles `while`.

```
for i in range(10) :
   if i == 5 :
      break
   print(i)
else :
   print("entro en el else del for") # sin ejecutar porque el
                                     # for se interrumpe
while i < 10 :
   print(i)
   i += 1
else :
   print("entro en el else del while") # ejecutado porque el
                                       # while no se ha
                                       # interrumpido
```

Normalmente este tipo de bucles no se suelen utilizar. Sin embargo, tiene a su disposición mucha información sobre ellos en scripts de ejemplo o en la documentación, por eso los hemos explicado.

8. Ejercicios

8.1 Ejercicio 1

Escriba un algoritmo que muestre los veinte primeros términos de la tabla de multiplicar, marcando los múltiplos de 3 con un asterisco. Codifique el script Python correspondiente.

8.2 Ejercicio 2

Escriba un algoritmo que calcule la multiplicación de dos enteros introducidos por el usuario sin utilizar el operador x (es decir, con sumas sucesivas). Codifique el script Python correspondiente.

8.3 Ejercicio 3

Escriba un algoritmo que recupere repetidamente una cadena de caracteres introducida por el usuario y muestre su longitud hasta que esta entrada coincida con la palabra "fin". Codifique el script Python correspondiente.

8.4 Ejercicio 4

Escriba un algoritmo que muestre los n primeros cuadrados, donde n es un número entero introducido por el usuario. Codifique el script Python correspondiente.

8.5 Ejercicio 5

Escriba un algoritmo que implemente el juego FizzBuzz: muestra los cien primeros números enteros sustituyendo los múltiplos de tres por Fizz, los múltiplos de cinco por Buzz y los múltiplos de quince por FizzBuzz. Codifique el script Python correspondiente, añadiendo que los saltos de línea solo se producen después de los múltiplos de diez.

8.6 Ejercicio 6

Escriba un algoritmo que determine si una cadena es un palíndromo, es decir, una palabra que se puede leer tanto de izquierda a derecha como de derecha a izquierda. Codifique el script Python correspondiente.

8.7 Ejercicio 7

Escriba un algoritmo que muestre un triángulo rectángulo de estrellas (triángulo con un ángulo recto), cuyo número de plantas la introduzca el usuario. Codifique el script Python correspondiente.

8.8 Ejercicio 8

Escriba un algoritmo que muestre un triángulo isósceles de estrellas (un triángulo con dos lados de igual longitud) cuyo número de plantas la introduzca el usuario. Codifique el script Python correspondiente.

Capítulo 5
Tablas y estructuras

1. Introducción

Hasta ahora nos hemos ocupado de variables que no tienen ningún vínculo lógico entre sí. En este capítulo, vamos a ver cómo almacenar y manipular varios valores que están relacionados entre sí, para que podamos llevar aún más lejos nuestro pensamiento y, lo que es más importante, nuestros algoritmos y programas.

2. Las tablas

Imagine una lista de la compra sencilla: tiene que comprar doce huevos, mantequilla, una ensalada, dos tarrinas de fresas y tres tabletas de chocolate. Cada elemento de la lista es un producto que hay que comprar.

Con lo que hemos aprendido, su primer instinto sería crear una variable para cada producto:

```
PROGRAMA Lista_compra_var
VAR
   producto1 : CADENA
   producto2 : CADENA
   producto3 : CADENA
   producto4 : CADENA
   producto5 : CADENA
   i : ENTERO
```

```
INICIO
      ESCRIBIR("Escribir un producto a comprar)
      producto1 <- LEER()
      ESCRIBIR("Escribir un producto a comprar)
      producto2 <- LEER()
   ...
FIN
```

Si necesita añadir un producto para comprar, tendrá que volver a escribir este algoritmo añadiendo una variable `producto6` y el valor final del contador en la estructura iterativa `PARA`. De hecho, tendrá que reescribir este algoritmo cada vez que quiera añadir o quitar un producto.

Esta lógica es contraria a la lógica algorítmica: el algoritmo debe tener en cuenta el mayor número de casos posible para ser lo más genérico posible.

Para superar este problema, existe una estructura de datos especial que puede almacenar varios valores del mismo tipo: las tablas (también llamadas tablas o arrays). Con esta nueva estructura, también simplificará la introducción y manipulación de estos valores, al mismo tiempo que escribe un algoritmo más fácil de entender y mantener.

2.1 Tablas unidimensionales

Una tabla puede contener varios valores, con el único requisito de que sean del mismo tipo algorítmico. Las tablas se declaran al mismo tiempo que el resto de variables. Una tabla unidimensional representa una lista de valores. Una tabla **bidimensional** se puede ver como una hoja de cálculo con un número de **columnas** por fila (cada fila tiene siempre el mismo número de columnas) además del número de **filas** (siempre la primera dimensión por convención en informática).

Las dimensiones son **valores enteros** que indican el número de filas y/o celdas de la dimensión.

Empezaremos con tablas unidimensionales, lo que los seres humanos llamamos una lista.

Una variable TABLA se debe declarar con sus dimensiones (cada dimensión se fija en la declaración), así como el tipo de valores que almacenará.

```
VAR
   tab : TABLA[1…dim] : tipo
```

Anteriormente declaramos una variable `tab` de tipo `TABLA` que tiene una dimensión que empieza en 1 y termina en el valor dim, es decir, de dim celdas. Cada valor de tab será de tipo `"tipo"`.

Para acceder a un valor de la tabla, ya sea para leerlo o escribirlo, se utiliza el operador de **indexación**: `[ ]`. El número de la celda en la tabla se llama su **índice**, que puede ser una variable o un valor entero.

Para acceder al primer elemento de una tabla, utilizamos el operador `[1]` en la tabla. De forma más general, para acceder al enésimo elemento de una tabla tab, se utiliza `tab[i]`. Con este operador, cada elemento de la tabla se comporta como una variable normal.

Observación

En algoritmos, el primer índice tiene el valor 1: empezamos a contar desde 1, lo que es diferente en programación, como ya hemos visto.

Al igual que sucede con las variables, puede inicializar una tabla cuando se declara utilizando un par de **llaves**.

```
VAR
   dias <- {"lunes", "martes", "miércoles", "jueves", "viernes",
"sábado", "domingo"} : TABLA[1...7] : CADENA
```

La tabla `dias` del algoritmo anterior representa los días de la semana: `dias[5]` es el valor `"viernes"`.

Ahora vamos a mejorar nuestra lista de la compra con una tabla:

```
PROGRAMA Lista_compra_tabla
VAR
   productos : TABLA[1...5]: CADENA
   i : ENTERO
INICIO
   PARA i DESDE 1 HASTA 5 CON INCREMENTO DE 1
   HACER
      ESCRIBIR("Escribir el producto a comprar")
```

```
      productos [i] <- LEER()
   FINPARA
FIN
```

Con este algoritmo, el usuario introduce los productos uno tras otro:

12 huevos

1 ensalada

1 mantequilla

2 cestas de fresas

3 tabletas de chocolate

Es una pena que haya dos datos distintos en cada casilla: el nombre del producto y la cantidad.

Las tablas bidimensionales nos permiten introducir de manera más fácil nuestra lista de la compra al separar el nombre de la cantidad, conservando el vínculo semántico entre ambos (12 significará huevo, no ensalada, por ejemplo).

2.2 Tablas bidimensionales

Las tablas bidimensionales se pueden comparar a un archivo de hoja de cálculo como Excel: son un conjunto de **filas** y cada fila tiene un número de **columnas**. En informática, las tablas bidimensionales se suelen denominarse **matrices** o **arrays**.

```
VAR
   matriz : TABLA[1..dim1][1...dim2] : tipo
```

Anteriormente declaramos una variable matricial de tipo `TABLA` que tiene dos dimensiones: `dim1` filas para cada una de las `dim2` columnas.

Vamos a mejorar de nuevo nuestra lista de la compra:

```
PROGRAMA Lista_compra_tabla_dos_dimensiones
VAR
   productos : TABLA[1...5][1...2]: CADENA
   i, j : ENTERO
INICIO
   PARA i DESDE 1 HASTA 5 CON INCREMENTO DE 1
   HACER
      ESCRIBIR("Escribir el producto a comprar")
      productos [i][1] <- LEER()
      ESCRIBIR("Escribir la cantidad de este producto a
comprar")
      productos [i][2] <- LEER()
   FINPARA
   ESCRIBIR("Esta es su lista de la compra")
   PARA i DESDE 1 HASTA 5 CON INCREMENTO DE 1
   HACER
      ESCRIBIR(productos [i][1], " : ", productos [i][2])
   FINPARA

FIN
```

Su lista de la compra informatizada ahora es mucho más elegante:

Huevos	12
Ensalada	1
Mantequilla	1
Bandejas de fresas	2
Barritas de chocolate	3

Sin embargo, sigue existiendo un problema de diseño debido a los límites del algoritmo: la columna que representa la cantidad debe ser una cadena de caracteres, porque todos los valores de las celdas de la tabla, sea cual sea la fila o la columna, deben ser del **mismo tipo**. Naturalmente, una cantidad debe ser numérica. Más adelante veremos cómo utilizar otra estructura para resolver esta incoherencia.

2.3 tablas n-dimensionales

Puede crear tablas con **más de dos dimensiones**, no hay límite excepto el de la memoria de la máquina. Basta con añadir una dimensión utilizando el par de corchetes al declarar la tabla o array. Sin embargo, tenga en cuenta que cuantas más dimensiones tenga su tabla, más complejo será manejarla.

Por ejemplo, queremos construir una tabla para registrar la superficie de cada habitación de los pisos de un bloque de viviendas. Hay 9 edificios, 6 plantas por edificio, 3 pisos por planta y 3 habitaciones por piso.

```
PROGRAMA inmueble
VAR
   i, j, k, l  : ENTERO
   superficies : TABLA[1...9][1...6][1...3][1...3] : ENTERO
INICIO
   mat[7][6][1][2] <- 40
   PARA i DESDE 1 HASTA 9 CON INCREMENTO DE 1 HACER
      PARA j DESDE 1 HASTA 6 CON INCREMENTO DE 1 HACER
         PARA k DESDE 1 HASTA 3 CON INCREMENTO DE 1 HACER
            PARA l DESDE 1 HASTA 3 CON INCREMENTO DE 1
            HACER
               ESCRIBIR("Escriba la superficie del inmueble ",
i, " piso ", j, " apartamento ", k, " habitación ", l)
               superficies [i][j][k][l] <- LEER()
            FINPARA
         FINPARA
      FINPARA
   FINPARA
FIN
```

Este ejemplo da como resultado una tabla o matriz de cuatro dimensiones, que requiere mucha atención a la hora de manipularla, como muestra el algoritmo anterior durante su inicialización, con entradas del usuario.

3. Manipulación sencilla de tablas

3.1 Tablas unidimensionales

3.1.1 Recorrido

Para recorrer una tabla, necesitamos ir desde la primera celda de la fila hasta la última. Esto significa que tenemos que declarar un contador, y un contador significa estructuras iterativas PARA.

```
PROGRAMA Recorrer_tabla_una_dimension
VAR
   dias <- {"lunes", "martes", "miércoles", "jueves", "viernes",
"sábado", "domingo"} : TABLA[1...7] : CADENA
   i: ENTERO
INICIO
   PARA i DESDE 1 HASTA 7 CON INCREMENTO DE 1
   HACER
      ESCRIBIR("El día ",i," es ", dias[i])
   FINPARA
FIN
```

Una tabla o array se **recorre siempre con un bucle** PARA donde el contador nos permite recuperar todos los valores de la tabla, porque también es igual al índice actual de la celda.

3.1.2 Buscar

Buscar un valor es una operación habitual en informática. Se realiza recorriendo una tabla. En cada celda de la tabla, comprobamos si el valor del elemento actual es igual al valor que buscamos.

```
PROGRAMA Buscar_tabla_una_dimension
VAR
   dias <- {"lunes", "martes", "miércoles", "jueves", "viernes",
"sábado", "domingo"} : TABLA[1...7] : CADENA
   dias_a_buscar : CADENA
   i: ENTERO
   encontrado <- FALSO : BULEANO
INICIO
   ESCRIBIR("Escribir el nombre del día a buscar")
```

```
    dia_a_buscar <- LEER()
    i DESDE 1 HASTA 7 CON INCREMENTO DE 1
    HACER
          SI dias[i] = dia_a_buscar
       ENTONCES
          encontrado <- VERDADERO
       FINSI
    FINPARA

    SI encontrado = VERDADERO
    ENTONCES
       ESCRIBIR("el día ", dia_a_buscar, " está presente")
    SINO
       ESCRIBIR("el día ", dia_a_buscar, " no está presente")
    FINSI
FIN
```

La lógica para buscar en esta tabla es la siguiente: **partimos de la hipótesis de que el valor no está en la tabla** (`encontrado` se inicializa a `FALSO` cuando se declara). Entonces recorremos nuestra tabla, comparando sus valores con el que estamos buscando. Si el valor que buscamos aparece en el array, la variable encontrado recibe el valor `VERDADERO`, en caso contrario permanece con el valor `FALSO`.

¿Por qué no partir de la hipótesis de que el valor está en la tabla (poner `encontrado` a `VERDADERO`)? Basándonos en esta hipótesis, tendremos que poner `encontrado` a `FALSO` si el valor actual no es el que estamos buscando. Con esta asignación, es muy probable que declaremos que el valor no está presente cuando en realidad sí lo está. De hecho, con esta hipótesis de partida, la prueba determinante siempre será la comparación del valor de la última celda de la tabla.

3.1.3 Reducción

Reducir una tabla significa calcular un valor a partir de los valores de la misma. El ejemplo más sencillo para entender este concepto, es calcular la suma de los valores de las celdas de una tabla.

```
PROGRAMA Suma_tabla
VAR
   tab : TABLA[1...12] : ENTERO
   i, suma : ENTERO
INICIO
   // Introducir los valores de la tabla
   PARA i DESDE 1 HASTA 12 CON INCREMENTO DE 1
   HACER
      ESCRIBIR("Escriba el valor ", i, " de la tabla")
      tab[i] <- LEER()
   FINPARA
   // cálculo de la suma
   suma <- tab[1]
   PARA i DESDE 2 HASTA 12 CON INCREMENTO DE 1
   HACER
         suma <- suma + tab[i]
      FINPARA
   FINPARA
   ESCRIBIR("La suma de la tabla es: ", suma)
FIN
```

Al reducir una tabla, no es aconsejable inicializar la variable de reducción con un valor por defecto cuando se declara, excepto con el elemento neutro de la operación de reducción. Consideremos por el ejemplo la suma que calcula como ser humano. Cuando lee una tabla de sumas, empieza diciendo que la suma es igual al primer elemento, luego añade el segundo, luego el tercero, etc. hasta llegar al último. Este cálculo es natural para un ser humano y no tiene por qué darse cuenta de los pasos que hay que dar. La lógica es la misma para la máquina. Sea cual sea la reducción que se desee realizar (suma, media, valor más pequeño, etc.), esta reducción siempre se inicializa con el valor de una celda de la tabla y, generalmente, con el valor de la primera celda de la tabla. Esto garantiza que solo se trabaje con los valores correctos, es decir, los contenidos en la tabla, y que no se realice una reducción falsa debido a una inicialización incorrecta.

3.2 Tablas n-dimensionales

3.2.1 Recorrido

Para todos los recorridos de tablas n-dimensionales, hay una regla simple de recordar: **una dimensión = una estructura iterativa** PARA. Dos dimensiones dan un recorrido con dos PARA anidadas, tres dimensiones tres PARA anidadas y así sucesivamente.

```
PROGRAMA Recorrer_tabla_dos_dimensiones
VAR
   matriz : TABLA[1...12][1...31] : REALES
   i, j : ENTERO
INICIO
   // Entrada de los valores de la matriz
   PARA i DESDE 1 HASTA 12 CON INCREMENTO DE 1
   HACER
      PARA j DESDE 1 HASTA 31 CON INCREMENTO DE 1
      HACER
         ESCRIBIR("Escriba el valor de la línea", i, "
y de la celda ", j, " de la tabla")
         matriz [ i ][ j ] <- LEER()
      FINPARA
   FINPARA
   // Visualización de los valores de la matriz
   PARA i DESDE 1 HASTA 12 CON INCREMENTO DE 1
   HACER
      PARA j DESDE 1 HASTA 31 CON INCREMENTO DE 1
      HACER
         ESCRIBIR(matriz [ i ][ j ])
      FINPARA
   FINPARA
FIN
```

3.2.2 Buscar

La búsqueda en una tabla unidimensional o n-dimensional se basa en la misma lógica que para una tabla unidimensional. Asumimos que el valor no está en la tabla y ponemos una **marca booleana a** FALSO. Recorremos la tabla y si encontramos el valor ponemos la marca a VERDADERO. Al final del recorrido, lo único que tenemos que hacer es comprobar el valor de la marca para averiguar si el valor está presente en la tabla.

```
PROGRAMA Buscar_tabla_dos_dmensiones
VAR
   matriz : TABLA[1...12][1...31] : REALES
   i, j : ENTERO
   valor : REAL
      encontrado <- FALSO : BULEANO
INICIO
   // Entrada de los valores de la matriz
PARA i DESDE 1 HASTA 12 CON INCREMENTO DE 1
   HACER
      PARA j DESDE 1 HASTA 31 CON INCREMENTO DE 1
      HACER
         ESCRIBIR("Escriba el valor de la línea", i, " y
de la calda ", j, " de la tabla")
         matriz [i][j] <- LEER()
      FINPARA
   FINPARA
   ESCRIBIR("Escriba el valor real a buscar")
   valor <- LEER()
   // Búsqueda del valor en la matriz
   PARA i DESDE 1 HASTA 12 CON INCREMENTO DE 1
   HACER
      PARA j DESDE 1 HASTA 31 CON INCREMENTO DE 1
      HACER
         SI tab[i][j] = valor
         ENTONCES
            encontrado <- VERDADERO
         FINSI
      FINPARA
   FINPARA
   SI encontrado = VERDADERO
   ENTONCES
      ESCRIBIR("el valor está presente en la tabla)
   SINO
      ESCRIBIR("la tabla no contiene el valor buscado")
   FINSI
FIN
```

De esta manera, podemos ver que la reducción de tablas bidimensionales también se basa en la **misma lógica que la reducción de tablas unidimensionales**. Estas sencillas operaciones son la base del procesamiento de tablas en informática. Sin embargo, al final no son las más utilizadas: con las tablas, nuestro primer objetivo es organizar correctamente nuestros datos para poder procesarlos rápidamente, es decir, ordenándolos. Sin embargo, todavía tenemos que aprender algunas cosas sobre cómo ordenar un array de forma correcta y rápida, que veremos en el próximo capítulo.

4. Estructuras y registros

4.1 Estructuras

Cuando modelamos nuestra lista de la compra con el algoritmo `Lista_compra_tabla_dos_dimensiones`, vemos que hay un problema con el tipo de datos. La cantidad está representada por una cadena y no por un entero, lo que no tiene sentido porque no podemos hacer ningún cálculo con esta cantidad, como decrementarla en 1, por ejemplo.

La `ESTRUCTURA` algorítmica nos permite corregir este problema: dentro de un tipo como éste, podemos **relacionar diferentes variables de tipos distintos o no**. La `ESTRUCTURA` sirve para enlazar variables en una misma variable. Estas variables se denominan **campos** de la estructura.

```
ESTRUCTURA nombre_estructura
INICIO
   campo1 : tipo1
   campo2 : tipo2
   ...
FINESTRUCTURA
```

La definición de la estructura se declara **justo antes del** PROGRAMA. Una variable de TIPO ESTRUCTURA se declara de la misma manera que las variables de otros tipos. A estas variables las llamamos **registros**.

```
VA
   mi_registro : nombre_estructura
```

Por lo tanto, podemos modelar nuestra lista de la compra con la siguiente ESTRUCTURA:

```
ESTRUCTURA producto
INICIO
   nombre : CADENA
   cantidad : ENTERO
FINESTRUCTURA
```

A diferencia de otros tipos de variables, las variables de tipo ESTRUCTURA no tienen que inicializar un único valor, sino todos los valores de todos sus campos. Para acceder a ellas, utilizamos **el operador "."**, que permite manipular los campos como si fueran variables simples.

Para introducir un producto, introduzca su nombre y la cantidad:

```
PROGRAMA indicar_producto_lista_compra
VAR
   mi_producto : producto
INICIO
   ESCRIBIR("Escriba el nombre del producto")
   mi_producto.nombre <- LEER()
   ESCRIBIR("Escriba la cantidad del producto")
   mi_producto.cantidad <- LEER()
   ESCRIBIR(mi_producto.nombre, " con una cantidad de ",
mi_producto.cantidad)
FIN
```

El modelado de los productos de nuestra lista de la compra ahora es mucho más limpio.

4.2 Estructuras anidadas

Los campos de una estructura pueden ser de cualquier tipo de datos, por lo tanto, ¿por qué no de tipo ESTRUCTURA? En este caso, la estructura anidada se debe declarar antes de la **estructura que la contiene** (de lo contrario no sabe que existe) y debemos utilizar siempre el operador "." para acceder a los campos. Vamos a modelar una persona con su fecha de nacimiento. Una fecha se compone de tres valores, así que la representamos con una estructura.

```
PROGRAMA Persona_estructura
ESTRUCTURA fecha
INICIO
   dia : ENTERO
   mes : ENTERO
   anio : ENTERO
FINESTRUCTURA
ESTRUCTURA persona
INICIO
   apellido : CADENA
   nombre : CADENA
   nacimiento : Fecha
FINESTRUCTURA
VAR
   pepe : persona
INICIO
   ESCRIBIR("Escriba el NIF de pepe")
   ESCRIBIR("Escriba el nombre de pepe")
   persona.nombre <- LEER()
   ESCRIBIR("Escriba el apellido de pepe")
   persona.apellido <- LEER()
   // Tres entradas para la fecha de nacimiento, porque hay tres campos
   ESCRIBIR("Escriba el dia de nacimiento de pepe")
   pepe.nacimiento.dia <- LEER()
   ESCRIBIR("Escriba el mes de nacimiento de pepe")
   pepe.nacimiento.mes <- LEER()
   ESCRIBIR("Escriba el año de nacimiento de pepe")
   pepe.nacimiento.anio <- LEER()
   ESCRIBIR(pepe.nombre, " ", pepe.apellido, " nació el ",
pepe.nacimiento.dia,"/", pepe.nacimiento.mes, "/",
pepe.nacimiento.dia)
FIN
```

Tenga en cuenta que la manipulación de estructuras anidadas requiere que utilice el **operador "." varias veces seguidas** para acceder a los campos deseados.

4.3 Estructuras y tablas

4.3.1 Estructura que contiene una tabla

Como vimos en la sección anterior, los campos de una estructura pueden ser de cualquier tipo de datos, así que ¿por qué no de tipo tabla? Vamos a modelar la estructura que representa un libro que tiene un título y varias ediciones. Por supuesto, las ediciones son un array, ya que son múltiples y del mismo tipo.

```
PROGRAMA libro_estructura
ESTRUCTURA libro
INICIO
   titulo : CADENA
   ediciones : TABLA[1...5] : CADENA
FINESTRUCTURA
VAR
   mi_libro : libro
   i : ENTERO
INICIO
   ESCRIBIR("Escriba su libro")
   ESCRIBIR("Escriba el título del libro")
   mi_libro.titulo <- LEER()
   PARA i DESDE 1 HASTA 5 CON INCREMENTO DE 1
   HACER
      ESCRIBIR("Escriba la edición número ", i)
      mi_libro.ediciones[i] <- LEER()
   FINPARA
FIN
```

Podemos ver que la lógica para manipular tablas sigue siendo la misma, tanto si las tablas son variables como si son campos.

4.3.2 Tabla de estructuras

También puede crear tablas con valores de tipo `ESTRUCTURA`. Para ilustrar este principio, volvamos a introducir correctamente nuestra lista de la compra.

```
PROGRAMA entrada_lista_compra_estructura
VAR
   productos : TABLA[1…5]: producto
   i : ENTERO
INICIO
   PARA i DESDE 1 HASTA 5 CON INCREMENTO DE 1
   HACER
      ESCRIBIR("Escriba el nombre del producto")
      productos [i].nombre <- LEER()
      ESCRIBIR("Escriba la cantidad del producto")
      productos [i].cantidad <- LEER()
   FINPARA
FIN
```

Nuestra lista de la compra ya está limpia.

Observación

El lenguaje Python no implementa esta estructura; en su lugar, utiliza la programación orientada a objetos, que introduciremos en el capítulo Introducción a los objetos, de este libro.

5. Pongámoslo en práctica con Python

5.1 Tabla = lista

Las tablas en algoritmia se llaman listas en Python.

Una lista es una variable que contiene varias expresiones (o valores) que no son **necesariamente del mismo tipo**, a diferencia de en algoritmia. Por lo tanto, este principio respeta la **tipificación dinámica** del lenguaje.

Una lista es un tipo de dato **mutable**: puede cambiar de valor y de tamaño.

Una lista también tiene otra ventaja sobre un array: su **tamaño es dinámico**, por lo que no es necesario declararlo. Los índices también se gestionan automáticamente.

Observación

En todos los lenguajes de programación, aparte de las implementaciones de SQL como TransactSQL, empezamos a contar ***desde 0****. Por lo tanto, el primer elemento de una lista es el índice 0 (en la posición 0 de la lista) en Python.*

Los índices en Python pueden ser positivos o negativos:

- **Positivos** para pasar del primer elemento de una lista a los demás.
- **Negativos** para empezar por el último elemento de la lista.

Así, si queremos acceder al **último elemento** de una lista, solicitaremos el elemento número "**tamaño de la lista -1**" para índices positivos, o simplemente el elemento con índice -1 para índices negativos.

Una lista se declara utilizando el operador **de indexación [ ]**. Si la lista está vacía, no ponemos nada entre los corchetes, en caso contrario añadimos la lista de expresiones separadas por comas. Se accede a los elementos de una lista de la misma forma que en algoritmia, utilizando el operador de indexación.

```
mi_lista_vacia = []
mi_lista_tamanio_1 = ["soy el primer elemento de índice 0"]
mi_lista_tamanio_n = [1, "dos", True, 3.14]
print("Segundo elemento de la lista de tamaño n :",
mi_lista_tamanio_n[1])#muestra Segundo elemento de la lista
de tamaño n : dos
```

Al igual que con los algoritmos, Python también permite crear tablas de n dimensiones, con una pareja de corchetes por dimensión.

```
board = []
# Initialización
for line in range(3) :
   board.append([])
   for col in range(3) :
      board[line].append(0)
# Visualización
for line in board :
   for col in line :
```

```
        print(col, end=" ")
    print()
```

El script anterior inicializa un tablero de juego con 3x3 casillas inicializadas a 0. Observe que para crear nuestra lista bidimensional, empezamos creando **una lista rápida para modelar las filas**. Luego añadimos **una lista como elemento de esta lista para cada fila para modelar las columnas**. Y terminamos insertando los valores de cada columna en cada fila.

5.1.1 Recorrido

En Python, existen tres métodos principales para recorrer una lista:

- `for in`: recorre cada valor de la lista.
- `for range`: recorre cada índice de la lista.
- `for enumerate`: recupera cada vez el elemento y su índice.

```
mi_lista = [-2, 3, 11]
for x in mi_lista :
   print(x, end=" ")   # -2 3 11
print()              # simple salto de línea para la visualización
for i,x in enumerate(mi_lista) :
   print("Elemento",i,":", end=" ")   # Elemento 0 : -2
Elemento 1 : 3 Elemento 2 : 11
print()
for i in range(3):    # 3 es el tamaño de la lista
   print(mi_lista[i], end=" ")   # -2 3 11
print()
```

Python también permite **recorrer dos listas al mismo tiempo**, en la misma estructura iterativa, utilizando la función zip. El bucle for se detiene en el último elemento de la lista de menor tamaño.

```
mi_lista = [-2, 3, 11]
mi_otra_lista = ['a','b']

for x, y in zip(mi_lista, mi_otra_lista) :
   print(x,"-", y, end=" ")   # -2 - a 3 -b
print()
```

5.1.2 Lista de operaciones

Python ya tiene implementados varios operadores para manipular listas, siendo los principales:

Operador	Resultados
`x in l`	Comprueba si el valor de x está en la lista l.
`x not in l`	Comprueba si el valor de x no está en la lista l.
`l1 + l2` o `l1.extend(l2)`	Concatenación de la lista l1 y l2.
`l * n`	Concatenación de n copias de l.
`len(l)`	Longitud o tamaño de la lista l.
`min(l)`	Elemento más pequeño de l.
`max(l)`	El mayor elemento de l.
`l.count(x)`	Número de apariciones del valor de x en l.
`l.index(x)`	Primer índice de la posición del valor de x en la lista l.
`l.append(x)`	Añade x al final de la lista l.
`l.insert(i, x)`	Inserta el valor del elemento x en la lista l en el índice i.
`l.clear()`	l se convierte en una lista vacía, sin elementos.
`l.remove(x)`	Borra el valor de x en la lista l.
`l.pop(i)`	Devuelve el valor del elemento con índice i y lo elimina de la lista.
`l.reverse()`	Invierte la lista l.
`l.sort()`	Ordena la lista l en orden ascendente.

Las operaciones min y max funcionan correctamente independientemente del tipo de elementos de la lista, porque cualquier tipo se puede convertir en un tipo numérico. Por tanto, Python puede comparar enteros y cadenas, por ejemplo.

```
mi_lista = [-2, 3, 11]
print(mi_lista)   # [-2, 3 ,11]
print("Tamaño de mi lista", len(mi_lista))   # 3
print("Valor más pequeño de mi lista", min(mi_lista))   # -2
print("Índice del elemento del valor 11",
mi_lista.index(11))       # 2
mi_lista.append(1)
print(mi_lista)   # [-2, 3 ,11, 1]
mi_lista.insert(1, 42)
print(mi_lista)   # [-2, 42, 3 ,11, 1]
mi_lista.sort()
print(mi_lista)   # [-2, 1, 3 , 11, 42]
mi_lista.clear()
print(mi_lista)   # []
```

5.1.3 Copia

En Python, cuando asignamos una lista a otra, las dos listas están enlazadas: si cambiamos una de las dos listas, automáticamente cambiamos la otra lista.

```
mi_lista = [-2, 3, 11]
mi_copia = mi_lista
mi_lista.append(1)
print(mi_lista, "vs", mi_copia)   # [-2, 3, 11, 1] vs [-2, 3, 11, 1]
mi_copia.clear()
print(mi_lista, "vs", mi_copia)   # [] vs []
```

Hay tres formas de romper el vínculo entre estas dos listas:

- Utiliza la función de `copia`.
- Utiliza la función de `lista`.
- Utiliza la función `extender` de la lista.

```
mi_lista = [-2, 3, 11]
# función copy
mi_copia_separada = mi_lista.copy()
# función list
mi_segunda_copia = list(mi_lista)
# Extender una lista vacía con la lista a copiar
mi_tercera_copia = []
mi_tercera_copia.extend(mi_lista)
mi_lista.append(1)
print(mi_lista, "vs", mi_copia_separada)   # [-2, 3, 11, 1] vs
[-2, 3, 11]
```

```
print(mi_lista, "vs", mi_segunda_copia)    # [-2, 3, 11, 1] vs
[-2, 3, 11]
print(mi_lista, "vs", mi_tercera_copia)    # [-2, 3, 11, 1] vs
[-2, 3, 11]
```

Observación

En Python, la asignación de una lista no crea un nuevo puntero sino que, de hecho las dos listas son el mismo puntero. El capítulo Los archivos explicará esta noción de punteros en detalle, para ayudarle a entenderla mejor.

5.1.4 Más allá: la intención

Python tiene una forma muy elegante de crear listas con valores que se pueden calcular mediante un bucle: **las listas de intención**.

```
[valor for x en la secuencia si condición]
```

La lista de intención está formada por los valores valor para todos los elementos x del bucle `for` que validan la condición `if`.

Supongamos que desea crear una lista con los diez primeros números enteros positivos o nulos. Escribiría el siguiente código:

```
l = []
for i in range(10) :
   l.append(i)
```

Gracias a la sintaxis de lista de intención de Python, podemos escribir este script en una sola línea:

```
l = [i for i in range(10)]
print(l)      # [0, 1, 2, 3, 4, 5, 6, 7, 8, 9]
```

Si solo queremos recuperar números enteros pares, basta con añadir la condición:

```
l_par = [i for i in range(10) if i % 2 == 0]
print(l_par)      # [0, 2, 4, 6, 8]
```

Y por último, la lista de los cuadrados de los cinco primeros números enteros pares:

```
l_cuadrado_par = [i**2 for i in range(10) if i % 2 == 0]
print(l_cuadrado_par)      # [0, 4, 16, 36, 64]
```

Recuerde la creación del tablero de juego que has visto antes. Las listas de intención muestran su elegancia en este ejemplo:

```
board = [[0]*3 for i in range(3)]
```

Nuestro tablero se compone de tres columnas con 0 para cada una de las tres filas, y todo en una sola línea de código.

5.2 Tupla

En el capítulo sobre estructuras condicionales, hicimos una observación sobre limitar al mínimo el uso de paréntesis en las expresiones (aparte de los cálculos matemáticos que los requieren, por supuesto). En Python, los paréntesis se utilizan para declarar **tuplas**: un tipo de lista **inmutable** (no modificable).

Una tupla se debe inicializar cuando se declara, porque no podemos cambiar su tamaño ni los valores de sus elementos.

```
mi_tupla = (1, 'a', 8)
print(mi_tupla[1])   # a
print(len(mi_tupla))   # 3
mi_tupla.append(5)   # error parada del script
```

Una tupla se puede manipular mediante todas las operaciones de lista que no modifican su tamaño ni el valor de uno o varios de sus elementos.

5.3 Slicing

5.3.1 Listas y tuplas

El operador de indexación en Python es muy potente: no solo sirve para acceder a un elemento de una lista, también se puede utilizar para crear una lista a partir de otra, borrar varios elementos o sustituirlos. En Python, estas operaciones se denominan **slicing**.

Operador	Resultados
`l[i]`	Valor del elemento i de la lista l
`l[i] = x`	Sustituye el valor del elemento i de la lista l por el valor de x
`l[i:j]`	Lista que contiene los valores de los elementos con índice i hasta el índice j excluidos de la lista l
`l[i:j] = l2`	Sustituye los elementos con índice i hasta el índice j excluidos de la lista l, por los de la lista l2
`l[i:j:k]`	Lista que contiene los valores de los elementos con índice i hasta el índice j excluidos con paso k de la lista l
`del(l[i])`	Elimina el elemento con índice i de la lista l
`del(l[i:j])`	Elimina los elementos con índice i hasta el índice j excluidos de la lista l

Tenga en cuenta que los índices i, j y k pueden ser positivos o negativos en Python. Un ejemplo que puede parecer complejo se convierte en algo extremadamente sencillo: invertir una lista sin utilizar la operación invertir. Slicing resuelve este reto en una sola línea:

```
mi_lista = mi_lista[-1::-1]
```

Empezamos por el último elemento y bajamos hasta el primero en un paso de -1 para devolver la lista.

Los índices i, j y k son **inteligentemente opcionales**: no tenemos que declararlos todos. Por defecto, i es 0, es decir, el primer índice, j es el valor del último índice y k es 1, por lo que solo tenemos que declararlos cuando no los queramos en esos valores.

```
mi_lista = [-2, 3, 11, 2, 0, 11]
print(mi_lista[-1::-1])      # [11, 0, 2, 11, 3, -2]
print(mi_lista[1::])         # [3, 11, 2, 0, 11]
print(mi_lista[1::2])        # [3, 2, 11]
print(mi_lista[::2])         # [-2, 11, 0]
```

5.3.2 Volver sobre las cadenas

En Python, las cadenas se consideran únicamente listas de caracteres.

Esto significa que las **operaciones de lista y el slicing también están disponibles** para las cadenas.

```
str1 = "pepe"
lg= len(str1)
print(lg)             # 4
str1 += 's'
print(str1)           # pepes
str1 *= 4
print(str1)           # pepespepespepespepes
print(str1[0], str1[-1])      # p s
print(str1[0:3], str1[0:6:2])   # pep pps
```

5.4 Diccionario

En Python, el **diccionario** es una tabla asociativa de **claves/valores**. Para acceder a un valor de un diccionario, se utiliza su **clave** en lugar de su índice. Las claves y los valores los define el desarrollador.

Piense en el diccionario como en una guía telefónica. Cuando busca el número de una persona, utiliza su nombre para encontrarla. El nombre es la clave y el número es el valor.

5.4.1 Declaración y acceso

Para declarar un diccionario, utilizamos llaves {}.

```
mi_dico = {}    # diccionario vacío
```

También se accede a los valores mediante el operador de indexación [].

Vamos a considerar el ejemplo de un diccionario que relacionar traducciones de términos ingleses al castellano.

```
mi_dico = {}
mi_dico['computer'] = 'ordenador'
mi_dico['mouse'] = 'ratón'
mi_dico['keyboard'] = 'teclado'
print(mi_dico['computer'])        # ordenador
```

5.4.2 Operaciones

Al igual que con las listas, Python implementa multitud de operadores útiles para manipular diccionarios:

Operador	Resultados
`x en dico`	Comprueba si la clave x está en el diccionario dico
`x no en dico`	Comprueba si la clave x no está en el diccionario dico
`len(dico)`	Longitud o tamaño del diccionario dico
`dico[x]`	Devuelve el valor de la clave x. Si no es una clave, devuelve un error
`del dico[x]`	Borra el valor de la clave x y la propia clave. Si no es una clave, devuelve un error
`dico.clear()`	Vacía el diccionario dico
`dico.keys()`	Devuelve la lista de claves del diccionario dico
`dico.valores()`	Devuelve la lista de valores, sin el enlace a las claves, en el diccionario dico
`dico.items()`	Devuelve el par clave-valor de cada elemento del diccionario

Vamos a añadir cierta animación a nuestra traducción inglés-castellano implicando al usuario.

```
mi_dico = {}
mi_dico['computer'] = 'ordenador'
mi_dico['mouse'] = 'ratón'
mi_dico['keyboard'] = 'teclado'
print(mi_dico['computer'])      # ordenador
print("Escriba la palabra en inglés ")
eng = input()
if eng not in mi_dico :
   mi_dico[eng] = input("Escriba su traducción en castellano")
else :
   print("La palabra", eng," ya se ha traducido")
```

Para evitar que se borre una traducción, comprobamos previamente que la palabra en inglés ya no existe como clave.

5.4.3 Recorrido

Un diccionario se recorre utilizando un bucle for como sucede con las listas, pero iteramos sobre las claves en lugar de sobre los índices.

Hay tres formas de hacerlo:

- Recorrer las claves con `for in`.
- Recorrer las claves con la función `keys()`.
- Recorrer las claves y los valores mediante la función `items()`.

```
mi_dico = {}
mi_dico['computer'] = 'ordenador'
mi_dico['mouse'] = 'ratón'
mi_dico['keyboard'] = 'teclado'
# clave sencilla
for key in mi_dico :
   print(key, ":", mi_dico[key])
# con la operación keys()
for key in mi_dico.keys() :
   print(key, ":", mi_dico[key])
#con la operación items()
for key, value in mi_dico.items() :
   print(key, ":", value)
```

5.4.4 Ir más lejos: la intención

Al igual que sucede con las listas, los diccionarios se pueden crear en modo intención:

```
{clavex, y : valor x, y for x, y in secuencia if condicion}
```

Consideremos como ejemplo un diccionario que contiene letras mayúsculas como clave y su índice de creación como valor.

```
letras = {chr(i+64):i for i in range(1,6)}
print(letras)        # {'A': 1, 'B': 2, 'C': 3, 'D': 4, 'E': 5}
```

6. Ejercicios

6.1 Ejercicio 1

Escriba un algoritmo que busque en una tabla de enteros los valores más grande y más pequeño de la misma. Codifique el script Python correspondiente.

6.2 Ejercicio 2

Escriba un algoritmo que busque en una tabla de enteros los índices de los valores mayor y menor de la tabla. Codifique el script Python correspondiente.

6.3 Ejercicio 3

Escriba un algoritmo que calcule la media de los valores de una tabla de enteros. Codifique el script Python correspondiente.

6.4 Ejercicio 4

Escriba un algoritmo que calcule el número de apariciones de un valor introducido por el usuario en una tabla de enteros (el número de veces que el valor aparece en la tabla). Codifique el script Python correspondiente.

6.5 Ejercicio 5

Escriba un algoritmo que invierta los elementos de un array sin utilizar un array intermedio. Codifique el script Python correspondiente.

6.6 Ejercicio 6

Escriba un algoritmo para representar un nivel en un juego. Cada nivel se compone de un tablero de juego (una tabla de diez por diez caracteres), una serie de objetos y un comodón. Un comodín tiene un nombre y puntos de salud como información.

6.7 Ejercicio 7

La bandera holandesa: la tabla de este algoritmo solo contiene los valores enteros 1, 2 y 3. Tiene que reordenar los valores de esta tabla de forma que los valores 1 vayan en primer lugar, seguido de los 2 y finalmente los 3. Por ejemplo, la siguiente tabla {3,2,1,2,3,1,1,3} se debe convertir en {1,1,1,2,2,3,3,3}. Primero escriba el algoritmo de la bandera holandesa y luego codifique el script Python correspondiente.

6.8 Ejercicio 8

Escriba un algoritmo que calcule la suma de dos tablas de enteros del mismo tamaño: la tabla resultante tendrá el mismo tamaño que las dos tablas y contendrá la suma de los dos elementos de las tablas en sus celdas. Codifique el script Python correspondiente.

6.9 Ejercicio 9

Escriba un algoritmo que calcule la suma de cada columna de una tabla de enteros en una tabla unidimensional. Codifique el script Python correspondiente.

6.10 Ejercicio 10

Escriba un algoritmo que calcule la suma de cada fila de una tabla de enteros en una tabla unidimensional. Codifique el script Python correspondiente.

Capítulo 6
Subprogramas

1. Procedimientos y funciones

Todavía estás aprendiendo a modelar su pensamiento en informática utilizando problemas bastante sencillos. En este capítulo va a llevar su pensamiento un paso más allá. Imagine un programa como un software de vídeo a la carta o un cliente de correo electrónico. ¿No cree que estos programas contienen millones, incluso miles de millones de instrucciones? Entonces, ¿cómo es posible orientarse en este enjambre de instrucciones?

La primera respuesta es muy sencilla: es necesario descomponer su lógica en pequeñas partes, que se llamarán bajo demanda. Esto reduce enormemente la complejidad del programa al centrarse solo en subproblemas más sencillos de resolver. Estas partes son los **subprogramas** que se llamarán en el **programa principal**, el punto de acceso de la aplicación, como se muestra en la siguiente figura.

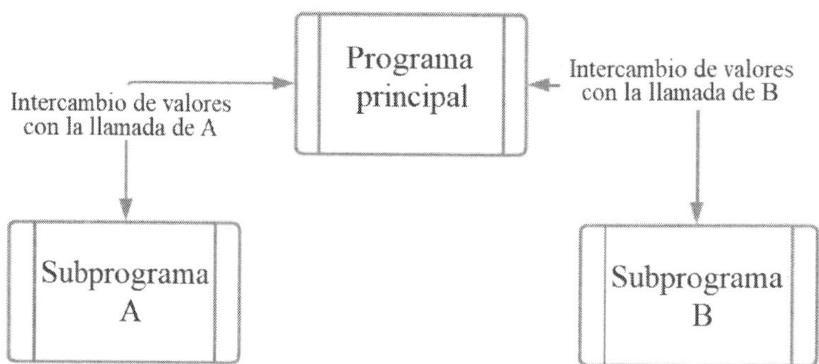

Programa principal y subprogramas

En los algoritmos, las subrutinas se declaran antes del programa de la siguiente manera:

```
SUB-PROGRAMA sub_prog_A
VAR
   ...
INICIO
   ...
FIN
PROGRAMA principal
VAR
   ...
INICIO
   ...
   sub_prog_A
FIN
```

En realidad, un programa rara vez se compone de una única serie de instrucciones que se suceden unas a otras. Para crear y mantener correctamente una aplicación, los desarrolladores siempre dividen el programa principal en una serie de subprogramas, que luego se llaman por desde el programa principal. Los subprogramas representan una pequeña parte de la funcionalidad del programa. También se pueden llamar entre sí para definir una jerarquía de tareas.

Vamos a considerar como ejemplo un juego sencillo: el ahorcado. Desglosémoslo en sus funcionalidades:

- Introducir la palabra que desea adivinar.
- Inicializar la palabra oculta.
- Iniciar del juego:
  - Mostrar la palabra oculta.
  - Introducir la letra del usuario.
  - Tratar la palabra oculta y número de ensayos.
  - Probar para determinar si la palabra se encuentra o no.

Con este desglose, podemos ver que no estamos abordando todo el juego del ahorcado a la vez, sino construyéndolo paso a paso, característica a característica. Esto facilita el desarrollo.

En resumen, las subrutinas tienen dos ventajas innegables:

- La organización del código se **simplifica**: un subprograma tiene una funcionalidad muy precisa, lo que facilita encontrar las instrucciones de esta funcionalidad cuando se necesitan.
- Un subprograma se puede **llamar varias veces**, por lo que no es necesario copiar y pegar instrucciones, lo que hace que el programa sea más eficaz y mucho más fácil de mantener.

Existen dos tipos de subprogramas: los **procedimientos** y las **funciones**. Vamos a aprender más sobre ellos.

1.1 Procedimientos

Los procedimientos son el primer tipo de subprograma. Un procedimiento nos permite escribir un conjunto de instrucciones y ejecutarlas con una única instrucción, cuando llamamos al procedimiento.

Un procedimiento también se basa en los principios vistos en este libro, es solo una organización diferente de nuestro algoritmo y nuestro código. Puede manipular datos con iteraciones y/o condicionales y puede intercambiar valores con el algoritmo principal. Esta comunicación tiene lugar gracias al uso de argumentos.

1.1.1 Argumentos

Los argumentos son **variables dedicadas al procedimiento**. Dependiendo del tipo de argumento, el procedimiento puede recuperar valores del algoritmo principal y/o enviarle valores:

- Argumentos de **entrada**: los valores que el programa principal envía al procedimiento que puede utilizarlos.
- Argumentos de **salida**: los valores que el procedimiento envía al algoritmo principal.
- Argumentos de **entrada/salida**: valores inicializados por el algoritmo principal, posteriormente modificados y devueltos por el procedimiento.

Dado que un programa se divide en subprogramas y se comunica mediante el paso de argumentos, tenemos que volver a hablar del ámbito de las variables.

Un subprograma tiene sus propias variables, igual que el programa principal. Estas variables solo las conoce el subprograma, por lo que el programa principal no puede acceder a ellas. Lo mismo ocurre con las variables del programa principal a las que no pueden acceder los subprogramas. Se dice que estas variables son **locales** al programa o subprograma.

Cada subprograma es el equivalente de una **caja negra** para otros subprogramas y programas; la pueden llamar pero no tienen conocimiento ni acceso a lo que contiene.

Para que todos el programas y todos los subprogramas puedan utilizar una variable, se debe declarar como **global**, es decir, en primer lugar en nuestro algoritmo:

```
VAR...          //declaración de las variables globales
SUB-PROGRAMA sub_prog_A
VAR
   ...    // declaración de las variables locales a sub_prog_A
INICIO
   ...
FIN
PROGRAMA principal
VAR
   ...    // declaración de las variables locales a principal
INICIO
   ...
   sub_prog_A
FIN
```

1.1.2 Declaración

Un procedimiento es un algoritmo, como los que hemos visto anteriormente, identificado por un nombre único. A diferencia de los algoritmos, también definimos sus argumentos:

```
PROCEDIMIENTO nombre (E : var1 : tipo1 , S : var2 : tipo2 ,
      E/S : var3 : tipo3)
VAR
   ...        // variables locales al procedimiento
INICIO
   ...        // instrucciones del procedimiento
FIN
```

Empecemos con un ejemplo sencillo con dos argumentos de entrada (lectura) y dos argumentos de salida (escritura): un procedimiento que calcula el perímetro y el área de un rectángulo:

```
PROCEDIMIENTO rectangulo (E : la, lo : ENTERO , S : perimetro, area : REAL)
INICIO
   perimetro <- 2 * la + 2 * lo
   area <- la * lo
FIN
```

Este procedimiento recibe la longitud y la anchura de un rectángulo como entrada y calcula el perímetro y el área en las variables que se pasan como argumentos de salida cuando se llama.

Un ejemplo sencillo de argumento de entrada/salida es un procedimiento que duplica el valor de un entero que se pasa como argumento. Este procedimiento recupera el valor del entero al principio y lo modifica duplicándolo:

```
PROCEDIMIENTO doble (E/S : n : ENTERO)
INICIO
   n <- n *2
FIN
```

Vamos a continuar con el ejemplo del ahorcado, con la etapa "Mostrar la palabra oculta", que se puede traducir en el siguiente procedimiento:

```
PROCEDIMIENTO mostrar_palabra_oculta (E : palabra : CADENA)
INICIO
   ESCRIBIR("Esta es la palabra a adivinar")
   ESCRIBIR(palabra)
FIN
```

Este procedimiento es bastante sencillo: recibe como argumento la palabra que se desea visualizar, que por tanto es una entrada porque es de solo lectura, y la muestra al usuario.

Aumentemos un poco la complejidad de los procedimientos de nuestro ahorcado. La etapa "Procesar la palabra oculta y el número de intentos" requiere recuperar la letra del usuario y la palabra oculta actual. Por lo tanto, la letra es una entrada como la palabra en texto plano y la palabra inicial y el número de intentos siguen siendo entradas/salidas, porque el procedimiento recupera sus valores para modificarlos posteriormente, mientras calcula el número de intentos que le quedan al usuario. A continuación, se muestra el procedimiento correspondiente:

```
PROCEDIMIENTO calculo_ocultar (E/S : palabra : CADENA, E/S : intento :
ENTERO, E : letra : CARACTER, E : palabra_en_claro : CADENA)
VAR i : ENTERO
tmp : CADENA
encontrado : BULEANO
INICIO
   i <- 1
   tmp <- ""
   encontrado <- FALSO
```

```
    PARA i DESDE 1 HASTA LONGITUD(palabra_en_claro) CON INCREMENTO DE 1
    HACER
       SI EXTRAER(palabra, i, 1) = letra
       ENTONCES
          CONCATENAR(tmp, letra)
          encontrado <- VERDADERO
       SINO
          CONCATENAR(tmp, EXTRAER(palabra,i,1))
       FINSI
    FINPARA
    SI encontrado = FALSO
    ENTONCES
       intento <- intento -1
    FINSI
    palabra <- tmp
FIN
```

Vamos a pasar a la llamada de procedimiento desde un programa principal u otro subprograma.

1.1.3 Llamada

Los procedimientos por sí solos tienen poca utilidad porque es necesario utilizarlos para que tengan interés. Un procedimiento se llama simplemente con una sentencia que representa su nombre y sus argumentos entre paréntesis, respetando el mismo orden en el que se han declarado, como se muestra en la figura siguiente. En el momento de la llamada, los argumentos pueden ser variables declaradas o valores fijos.

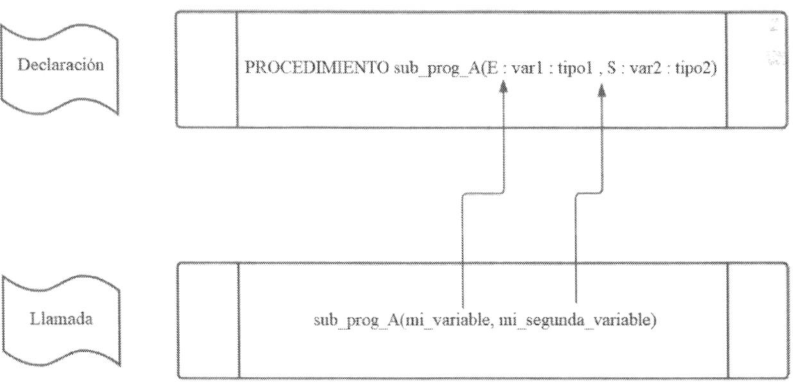

Llamada de un procedimiento

Podemos llamar a nuestro procedimiento anterior rectangulo, de la siguiente manera:

```
PROCEDIMIENTO rectangulo (E : la, lo : ENTERO , S : perimetro, area : REAL)
INICIO
   perimetro <- 2 * la + 2 * lo
   area <- la * lo
FIN
PROGRAMA calculo_rectangulo
VAR perimetro, area : REAL
a,b : ENTERO
INICIO
   rectangulo(2, 3, perimetro, area) // llamada con valores
   ESCRIBIR("perímetro: ", perimetro, " area : ", area)

   a <- 5
   b <- 9
   rectangulo(a, b, perimetro, area) // llamada con variables
   ESCRIBIR("perímetro : ", perimetro, " area : ", area)

FIN
```

El procedimiento doble recibe un argumento como entrada/salida y se utiliza del siguiente modo:

```
PROCEDIMIENTO doble (E/S : n : ENTERO)
INICIO
   n <- n *2
FIN
PROGRAMA calculo_doble
VAR a : ENTERO
INICIO
   a <- 5
   doble(a)
   ESCRIBIR("a : ", a) // a vale ahora 10

FIN
```

Para nuestro ahorcado, estas son las llamadas a los procedimientos previos:

```
PROCEDIMIENTO mostrar_palabra_oculta (E : palabra : CADENA)
  INICIO
    ESCRIBIR("Esta es la palabra a adivinar")
    ESCRIBIR(palabra)
  FIN
PROCEDIMIENTO calculo_ocultar (E/S : palabra : CADENA, E/S : intento :
ENTERO, E : letra : CARACTER, E : palabra_en_claro : CADENA)
  VAR i : ENTERO
```

```
  tmp : CADENA
  encontrado : BULEANO
  INICIO
     i <- 1
     tmp <- ""
     encontrado <- FALSO
     PARA i DESDE 1 HASTA LONGITUD(palabra_en_claro) CON INCREMENTO DE 1
HACER
              SI EXTRAER(palabra, i, 1) = letra
              ENTONCES
                CONCATENAR(tmp, letra)
                encontrado <- VERDADERO
              SINO
                CONCATENAR(tmp, EXTRAER(palabra,i,1))
              FINSI
           FINPARA
           SI encontrado = FALSO
           ENTONCES
              intento <- intento -1
           FINSI
palabra <- tmp FIN
PROGRAMA pendiente
VAR palabra, oculta : CADENA
fin_parte : BULEANO
intento : ENTERO
INICIO
   fin_parte <- FALSO
   intento<- 7
   ...
   MIENTRASQUE NO fin_parte
   HACER
      ...
      mostrar_palabra_oculta(oculta)
      ...
      calculo_ocultar(oculta, intento, letra, palabra)
   FINMIENTRASQUE
FIN
```

Con estas llamadas, observamos que los nombres de las variables y de los argumentos no son necesariamente los mismos. Lo importante aquí es el valor y el tipo de datos enviados, no el identificador, que es local al programa.

1.1.4 Tablas de argumentos

Sea cual sea el tipo de subprograma, los argumentos que representan tablas son **argumentos especiales**. Para manipular una tabla, necesitamos tanto la tabla como su tamaño. Por lo tanto, además de la tabla, es necesario pasar su **tamaño** como se muestra en el siguiente procedimiento, que muestra una tabla pasada como argumento.

```
PROCEDIMIENTO muestra_tabla(E : tab : TABLA [ ] : ENTERO, E : num : ENTERO)
VAR i : ENTERO
INICIO
   PARA i DESDE 1 HASTA num CON INCREMENTO DE 1
   HACER
      ESCRIBIR(tab[i])
   FINPARA
FIN
```

Ahora que ya hemos visto los procedimientos, vamos a ver el segundo tipo de subprograma, las funciones.

1.2 Las funciones

Las funciones son el tipo de subprograma más utilizado actualmente en informática. Su arquitectura es la misma que la de los procedimientos. No son más que procedimientos restringidos:

- Los argumentos son **solo de entrada**.
- Una función **siempre devuelve un único valor** al programa que la llama.

1.2.1 Declaración

La declaración de una función es más sencilla que la de un procedimiento: como los argumentos son solo de entrada, no necesitamos especificar que se introducen con E. Una función se declara por su nombre, sus argumentos y su tipo de retorno:

```
FUNCION mi_funcion(a,b : TIPO, c,d : TIPO) : tipodevuelto
VAR
   ...

INICIO
```

```
   ...
   DEVOLVER(...)
FIN
```

`tipodevuelto` indica el tipo del valor que devuelve la función. Este valor se devuelve al programa que ha llamado, gracias a la instrucción `DEVOLVER()`.

Vamos a crear nuestra primera función simple, que devolverá el mayor de los dos enteros pasados como argumentos:

```
FUNCION maximo(a,b : ENTERO) : ENTERO
INICIO
   SI (a > b)
   ENTONCES
      DEVOLVER(a)
   SINO
      DEVOLVER(b)
   FINSI
FIN
```

Esta función compara los valores de los argumentos enteros a y b y devuelve el valor mayor.

Vamos a continuar nuestro juego del ahorcado modelando las tres etapas siguientes mediante funciones:

- Introducir la palabra que se debe adivinar: una función sin argumentos que devuelve la palabra a adivinar.
- Introducir la letra del usuario: función sin argumentos que devuelve la letra introducida por el usuario.
- Probar si la palabra ha sido adivinada por el usuario: una función que devuelve un buleano que indica si el jugador ha encontrado la palabra o no.

Observación

Un subprograma no tiene por qué tener argumentos. Para indicar esto, utilizaremos un par de corchetes vacíos durante su declaración y al realizar la llamada.

```
FUNCION escribir_palabra() : CADENA
VAR acertijo : CADENA
INICIO
   ESCRIBIR("Escribir la palabra a adivinar")
   acertijo <- LEER()
   DEVOLVER(acertijo)
FIN
FUNCION escribir_letra() : CARACTER
VAR l : CARACTER
INICIO
   ESCRIBIR("Escribir una letra")
   l <- LEER()
   DEVOLVER(l)
FIN
FUNCION palabra_encontrada(oculta: CADENA) : BULEANO
VAR i : ENTERO
encontrado : BULEANO
INICIO
   encontrado <- VERDADERO
   PARA i DESDE 1 HASTA LONGITUD(palabra_en_claro) CON INCREMENTO DE 1
   HACER
      SI EXTRAER(palabra, i, 1) = '_'
      ENTONCES
         encontrado <- FALSO
      FINSI
   FINPARA
   DEVOLVER(encontrado)
FIN
```

La función que determina si el usuario ha adivinado o no la palabra comprueba la existencia del carácter "_" en la palabra oculta. Si se encuentra este carácter, el usuario aún no ha adivinado la palabra y la función devuelve falso, en caso contrario devuelve verdadero.

Una vez declaradas nuestras funciones, veamos cómo llamarlas.

1.2.2 Llamada

Una función se llama especificando su nombre y, entre paréntesis, los valores que desea asignar a los argumentos en el orden en que se declaran, como en los procedimientos. Cuando se llama a una función, a diferencia de lo que sucede con un procedimiento, el retorno de una función se debe utilizar, por ejemplo, almacenando este valor en una variable:

```
FUNCION maximo(a,b : ENTERO) : ENTERO
INICIO
   SI (a > b)
   ENTONCES
      DEVOLVER(a)
   SINO
      DEVOLVER(b)
   FINSI
FIN
PROGRAMA calculo_maximo
VAR a, b, max : ENTERO
INICIO
   ESCRIBIR("Escriba su primero entero")
   a <- LEER()
   ESCRIBIR("Escriba su segundo entero")
   b <- LEER()
   max <- maximo(a, b)
   ESCRIBIR("El máximo es: ", max)
FIN
```

Vamos a completar nuestro programa principal del ahorcado llamando a nuestras funciones:

```
PROGRAMA ahorcado
VAR palabra, oculta : CADENA
letra : CARACTER
fin_parte, palabra_adivinar : BULEANO
intento : ENTERO
INICIO
   fin_parte <- FALSO
   intento<- 7
   palabra <- escribir_palabra()
   MIENTRASQUE NO fin_parte
   HACER
      mostrar_palabra_oculta(oculta)
      letra <- escribir_letra()
```

```
        calculo_ocultar(oculta, intento, letra, palabra)
        palabra_adivinar <- palabra_encontrada(oculta)
        SI palabra_adivinar = VERDADERO
        ENTONCES
           ESCRIBIR("Ganó")
           fin_parte <- VERDADERO
        SINO
           SI intento = 0
           ENTONCES
              ESCRIBIR("Perdió... Debe adivinar : ", palabra)
              fin_parte <- VERDADERO
           FINSI
        FINSI
     FINMIENTRASQUE
  FIN
```

Observación

En la práctica, aparte de las implementaciones del lenguaje SQL, como TransactSQL y algunos lenguajes específicos, los lenguajes de programación actuales ya no utilizan procedimientos, sino solo funciones, aunque desde un punto de vista algorítmico sean procedimientos. Veremos este punto con más detalle en la aplicación práctica de Python más adelante, en la sección que se dedica a esto.

2. La elegancia de la recursividad

Por definición, un subprograma **recursivo** es un subprograma que se llama a sí mismo.

En teoría, el objetivo de la recursividad es simplificar un proceso complejo que contenga iteraciones, escribiendo solo procesos sencillos. Sin embargo, siempre hay una gran diferencia entre la teoría y la práctica.

Vamos a revisar la evolución de los lenguajes de programación de una forma muy popular. Los primeros lenguajes de programación, y todavía hoy en día algunos poco utilizados, no implementaban estructuras iterativas sino solo condicionales. Entonces, ¿cómo se repite una instrucción?

Simplemente llamando al subprograma que contiene esta instrucción en una condicional, hasta que la condición para detener la iteración establecida en la condición SI sea cierta.

Vamos a modelizar este principio en la visualización de una tabla.

Para mostrar una tabla, tenemos que recorrerla desde el primer elemento hasta el último. Así que tenemos que parar después de mostrar el último elemento. Por lo tanto, nuestra condición de parada es "hemos procesado el último elemento".

Una tabla se recorre utilizando un contador que se incrementa a medida que se recorre. Por lo tanto, podemos modelar nuestra condición de parada de la siguiente manera: el contador debe ser mayor que el tamaño de la tabla. Si he procesado el último elemento de la tabla, me detengo, es decir, el contador ha alcanzado el tamaño de la tabla.

Existen varios tipos de recursión: simple, múltiple, cruzada y anidada. En este capítulo, solo discutiremos los dos primeros tipos, dejando que el lector explore los dos últimos por su cuenta. Todos estos diferentes tipos de recursión se basan en el mismo principio que la recursión simple; solo cambia la jerarquía de las llamadas recursivas.

2.1 Recursividad simple

La recursividad simple es la más utilizada. Consiste en **un subprograma que se llama a sí mismo para iterar un proceso**.

Un subprograma recursivo siempre se escribe con una sentencia SI que determina la condición de parada y, en el caso de un SI, la llamada al subprograma:

```
SUB-PROGRAMA sub-prog-A
VAR
   ...
INICIO
   SI condicion_parada
   ENTONCES
       ...  // parada de las llamadas recursivas
   SINO
       ...
```

```
      sub-prog-A         // llamada recursiva siempre en el sino
   FINSI
FIN
```

Tomemos el caso sencillo de una función que calcula la suma de los n primeros números enteros. ¿Por qué empezar con una función matemática? Sencillamente porque la explicación de la secuencia de llamadas se simplifica con fórmulas que empiezan por el símbolo de la suma (Σ).

Empecemos escribiendo la función no recursiva:

```
FUNCION suma_primeros_enteros(n : ENTERO) : ENTERO
VAR i, suma : ENTERO
INICIO
   PARA i DESDE 1 HASTA n CON INCREMENTO DE 1
   HACER
      suma <- suma + i
   FINPARA
   DEVOLVER(suma)
FIN
PROGRAMA calculo_suma
VAR s : ENTERO
INICIO
   s <- suma_primeros_enteros(4)
   ESCRIBIR("La suma de los 4 primeros enteros es: ", s)
FIN
```

Observación

Recuerde la regla de la recursividad: cualquier instrucción iterativa incluida en una función puede ser recursiva con una instrucción condicional.

Para construir esta función de forma recursiva, aplicamos la siguiente lógica:

- La suma de los cuatro primeros números enteros es 1 + 2 + 3 + 4.
- Por tanto, también la suma de los tres primeros enteros más 4.
- O la suma de los dos primeros enteros + (3 + 4).
- Es decir, la suma del primer entero + (2 + 3 + 4).
- Por lo tanto, 1 + (2 + 3 +4).

La secuencia de llamadas a esta función se describe en la siguiente figura para ayudar al lector a visualizar su elegancia.

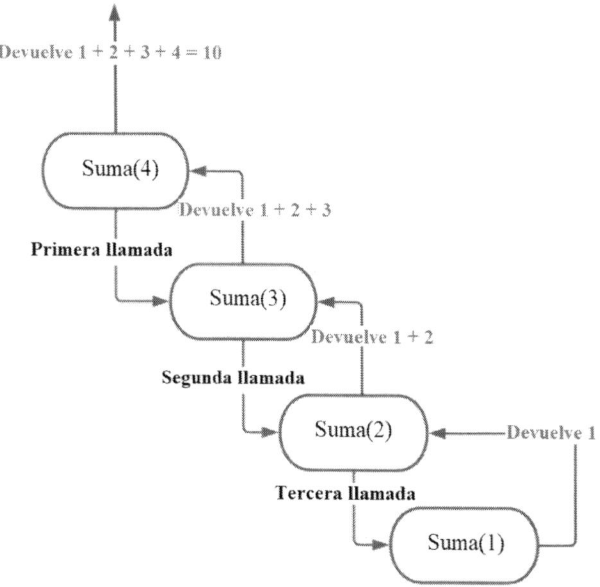

Llamadas recursivas para calcular la suma de los cuatro primeros enteros

Esta lógica se implementa mediante la siguiente función:

```
FUNCION suma_primeros_enteros_recursiva(n : ENTERO) : ENTERO
INICIO
   SI n = 1
   ENTONCES
      DEVOLVER(1)
   SINO
      DEVOLVER(n + suma_primeros_enteros_recursiva(n - 1))
   FINSI
FIN
PROGRAMA calculo_suma
VAR s : ENTERO
INICIO
   s <- suma_primeros_enteros_recursiva(4)
   ESCRIBIR("La suma de los 4 primeros enteros es: ", s)
FIN
```

Leer esta función recursiva es mucho más natural para el ser humano que la primera; la dificultad radica en escribirla.

Pasemos a los procedimientos recursivos, donde la lógica es ligeramente diferente. Vamos a ver la función recursiva para recorrer una tabla:

```
PROCEDIMIENTO recorrido_recursivo(E: tamanio, contador : ENTERO, E :
tab : TABLA [ ] : ENTERO) : ENTERO
INICIO
   SI contador = tamanio
   ENTONCES
      ESCRIBIR(tab[contador])
   SINO
      ESCRIBIR(tab[contador])
      recorrido_recursivo(tamanio, contador + 1, tab)
   FINSI
FIN
```

A diferencia de las funciones, los procedimientos no devuelven valores. Sin embargo, sí utilizan argumentos de entrada/salida que pueden ayudar con la recursividad. Para recorrer una tabla, necesita añadir un argumento, en este caso el contador para recorrer la tabla y no exceder su tamaño. Para modelar la condición de parada, se necesitan argumentos que no habríamos necesitado con un recorrido no recursivo.

Podemos ver que la lectura de este procedimiento no es necesariamente más natural, a diferencia de la función iterativa. Esto se debe al retorno que impone la recursividad.

Ahora aumentemos ligeramente la dificultad con la recursividad múltiple.

2.2 Recursividad múltiple

La recursividad múltiple representa un subprograma que se llama varias veces en la misma instrucción. No es más complicada que la recursividad simple.

El ejemplo más sencillo de recursividad múltiple, que también forma parte importante de la cultura informática, es la secuencia de Fibonacci. Cada elemento n de la secuencia se denota Fn y se define mediante los siguientes cálculos:

- $F_0 = 0$
- $F_1 = 1$
- $F_n = F_{n-1} + F_{n-2}$ para cualquier n mayor que 1.

En castellano, esta secuencia devuelve la suma de los últimos términos de la secuencia, con los casos especiales de 0 y 1, que devuelven su propio valor. Estos dos términos son nuestras condiciones de parada.

La llamada recursiva que continúa se da literalmente en la definición de la secuencia: para calcular un elemento, tenemos que calcular los dos elementos precedentes, posteriormente los dos precedentes de estos últimos, etc., como se muestra en la figura siguiente:

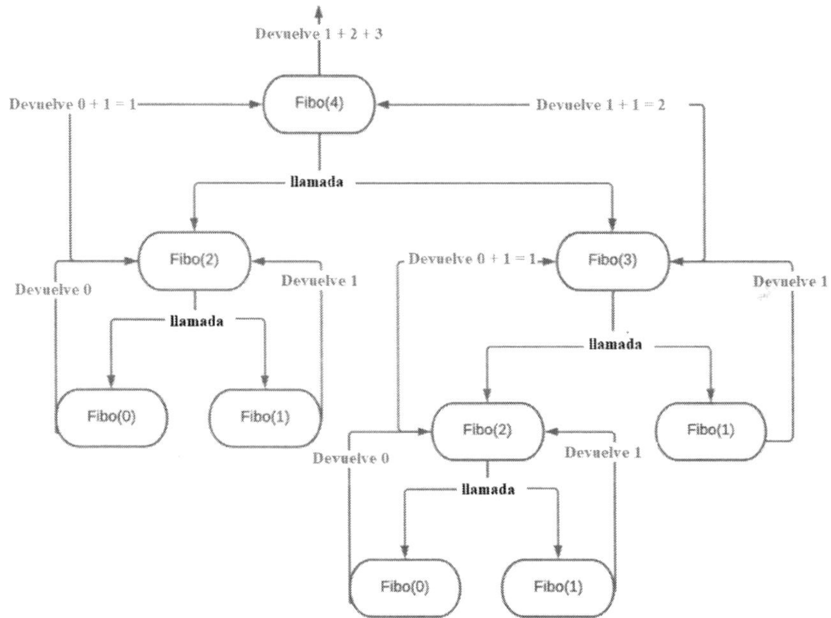

Llamadas recursivas para la sucesión de Fibonacci

Esta lógica se puede traducir en la siguiente función:

```
FUNCION fibo(n : ENTERO) : ENTERO
INICIO
   SI n = 0
   ENTONCES
      DEVOLVER(0)
   SINO
      SI n = 1
      ENTONCES
         DEVOLVER(1)
      SINO
         DEVOLVER(fibo(n - 1) + fibo(n - 2))
      FINSI
   FINSI
FIN
PROGRAMA calculo_fibo
VAR f : ENTERO
INICIO
   f <- fibo(4)
   ESCRIBIR("La sucesión de Fibonacci de 4 vale: ", f)
FIN
```

Por supuesto, es posible calcular esta secuencia de forma no recursiva:

```
FUNCION fibo(n : ENTERO) : ENTERO
VAR i, pre, suc, resultado : ENTERO
INICIO
   SI n = 0
   ENTONCES
      resultado <- 0
   SINO
      SI n = 1
      ENTONCES
         resultado <- 1
      SINO
         pre <- 0
         suc <- 1
         PARA i DESDE 2 HASTA n CON INCREMENTO DE 1
         HACER
            k <- pre + suc
            pre <- suc
            suc <- k
         FINPARA
```

```
      FINSI
   FINSI
   DEVOLVER(resultado)
FIN
PROGRAMA calculo_fibo
VAR f : ENTERO
INICIO
   f <- fibo(4)
   ESCRIBIR("La sucesión de Fibonacci de 4 vale: ", f)
FIN
```

Es fácil ver que la función recursiva es más sencilla de leer que la función no recursiva.

También se escribe de manera sencilla o lógico porque requiere menos reflexión: aplicamos la definición tal cual.

Entonces podemos plantearnos la siguiente pregunta: ¿cuándo debemos utilizar iteraciones y cuándo recursividad?

2.3 ¿Iteración o recursividad?

No hace falta decir que cada estructura iterativa no se debe sustituir por un subprograma recursivo. De lo contrario, ¿para qué se han añadido las iteraciones a los lenguajes de programación?

A pesar de su elegancia, la recursividad puede ser peligrosa: si la condición de parada no se determina correctamente, el programa formará un bucle infinito y nunca terminará. Además, en algunos casos, las llamadas recursivas pueden saturar la memoria del ordenador y bloquear la ejecución del programa por desbordamiento de la memoria.

Siempre podemos transformar un subprograma recursivo en un subprograma no recursivo, pero algunos de ellos pueden ser extremadamente complicados.

El ejemplo clásico es el juego del dragaminas. Cuando el usuario hace clic en una casilla no minada cuyas casillas vecinas no están minados, el proceso que permite destapar las casillas vecinas se propaga hasta llegar a una casilla próxima a una mina o al borde del tablero.

En modo no recursivo, tendríamos que escribir estructuras condicionales, que nos permitieran navegar en las ocho direcciones de la tabla que representa el tablero de juego y detenernos solo cuando llegáramos a una casilla adyacente a una mina sin ir más allá del tablero, sin olvidar el resto de casillas adyacentes por destapar. Se trata de un entramado extremadamente complejo de estructuras iterativas y condicionales.

En modo recursivo, la lógica es mucho más natural: basta con definir un subprograma "destapar" que se llamará en las ocho casillas vecinas cuando se llame en una casilla sin mina y no vecina de una mina. De esta forma, la propagación del proceso que permite destapar las casillas se hace de forma natural, sin pensar en las casillas que estamos procesando en el tablero. Los bordes del tablero se gestionan en sus subrutinas como parte de la condición de parada.

Veremos este juego con más detalle y en términos prácticos en los ejercicios de este capítulo. También veremos en el capítulo Los archivos que manejar estructuras de datos complejas es más fácil con la recursividad.

Mientras tanto, volvamos a las tablas.

3. Algoritmos avanzados para tablas

El principal objetivo de la informática es simplificar procesos complejos para el usuario. Por ello, cuando un programa trabaja con tablas, introducidas o no por el usuario, debe ordenarlas para facilitar su manejo y, por tanto, su búsqueda.

Ahora que hemos estudiado las subrutinas y la recursividad, podemos ver cómo realizar estas operaciones de ordenación, empezando por los algoritmos más sencillos para el ser humano, es decir, los menos eficientes para la máquina, hasta llegar a los más optimizados para el ordenador y, por tanto, los menos sencillos para el cerebro humano (es decir, utilizando subrutinas recursivas).

3.1 Procedimiento de intercambio

Cuando ordenamos una tabla, seguramente tendremos que intercambiar valores con bastante frecuencia. Vamos a definir un procedimiento para realizar esta operación de forma que podamos reutilizarlo en los algoritmos de ordenación que veremos más adelante.

```
PROCEDIMIENTO intercambiar(E/S : x, y : ENTERO)
VAR
   tmp : ENTERO
INICIO
   tmp <- x
   x <- y
   y <- tmp
FIN
```

3.2 Ordenación por selección

La ordenación por selección es la ordenación con la lógica más simple. Empezamos buscando el valor más pequeño de la tabla y lo colocamos en la primera celda, desplazando las demás celdas como se muestra en la figura siguiente. Lo único que tenemos que hacer, es aplicar las mismas operaciones a la subtabla que empieza en la celda 2, luego a la que empieza en la celda 3, y así sucesivamente, hasta llegar a una subtabla final de tamaño 1, lo que indica que la tabla está correctamente ordenada.

4	9	3	10	4	Buscamos el valor más pequeño: 3
3	9	4	10	4	Permutamos con el primer valor
3	9	4	10	4	Buscamos el valor más pequeño: 4
3	4	9	10	4	Permutamos con el segundo valor
3	4	9	10	4	Buscamos el valor más pequeño: 4
3	4	4	10	9	Permutamos con el tercer valor
3	4	4	10	9	Buscamos el valor más pequeño: 9
3	4	4	9	10	Permutamos con el cuarto valor

Nuestra tabla está ordenada.

Ordenación por selección

La clasificación por selección requiere, por tanto, dos operaciones:

- **Encontrar el valor más pequeño**.
- **Intercambiar** la celda actual con la primera celda de la subtabla correspondiente.

Así que necesitamos un subprograma para encontrar el valor más pequeño o, más bien, el índice del valor más pequeño de una tabla.

```
FUNCION indice_minimo (tab : TABLA[] : ENTERO, inicio,
tamanio : ENTERO) : ENTERO
VAR
   i, indice : ENTERO
INICIO
   indice <- inicio
   PARA i DESDE (inicio + 1) HASTA tamanio CON INCREMENTO DE 1
   HACER
      SI (tab[i] < tab[indice ])
      ENTONCES
         indice <- i
```

```
      FINSI
   FINPARA
   DEVOLVER(indice)
FIN
```

Lo único que tenemos que hacer ahora es definir el intercambio entre la primera celda y el valor más pequeño para cada subtabla:

```
PROCEDIMIENTO ordenacion_seleccion (E/S : tab : TABLA[] : ENTERO, E :
tamanio : ENTERO)
VAR
i : ENTERO
INICIO
   PARA i DESDE 1 HASTA (tamanio-1) CON INCREMENTO DE 1
   HACER
      intercambiar(tab[i],tab[indice_minimo(tab,i,tamanio))
   FINPARA
FIN
```

Gestionamos las subtablas que tenemos que inspeccionar mediante el contador i, que se incrementa con cada vuelta del bucle: primero miramos toda la tabla (i es 1), luego la subtabla que empieza en la casilla 2 (i es 2), y así sucesivamente.

Esta ordenación es bastante sencilla y se corresponde con lo que haría un ser humano para ordenar una tabla. Pero la lógica informática es ligeramente diferente de la lógica humana. De hecho, para ciertas tareas complejas, como vimos con la recursividad, por ejemplo, cuanto más representa el algoritmo el razonamiento humano, menos eficiente es para la máquina y viceversa. Así que ahora vamos a continuar con una ordenación más compleja, pero que sigue siendo muy simple: la ordenación por burbujas.

3.3 Ordenación por burbujas

La ordenación por burbujas recorre la tabla a ordenar, comparando cada elemento con su sucesor, como se muestra en la figura siguiente. Este par de elementos de la tabla es la **burbuja**, que se desplazará por la tabla a medida que avance la ordenación. En la burbuja, la ordenación coloca en primer lugar el valor más pequeño y en segundo lugar el más grande. La ordenación por burbuja repite toda la tabla hasta que no hay intercambios dentro de una burbuja, lo que indica que la tabla ha sido ordenada.

4	9	3	10	4	Comparamos las dos primeras casillas
4	9	3	10	4	Los valores están en orden, por lo que comparamos las casillas 2 y 3
4	3	9	10	4	Intercambiamos los valores para dejarlos en orden
4	3	9	10	4	Comparamos las casillas 3 y 4
4	3	9	10	4	Los valores están en orden, por lo que comparamos las casillas 4 y 5
4	3	9	4	10	Intercambiamos los valores para dejarlos en orden
4	3	9	4	10	Después empezamos desde la primera casilla
3	4	9	4	10	
3	4	9	4	10	
3	4	9	4	10	
3	4	4	9	10	
3	4	4	9	10	Nuestra tabla está ordenada

Ordenación por burbujas

Habiendo escrito ya el procedimiento para intercambiar dos valores y, por tanto, para intercambiar los dos elementos de la burbuja, solo nos queda escribir el procedimiento para ordenar con burbujas.

```
PROCEDIMIENTO ordenacion_burbujas (E/S : tab : TABLA[ ] : ENTERO,
E : tamanio : ENTERO)
VAR
fini : BULEANO
   i : ENTERO
INICIO
   REPETIR
      fini <- VERDADERO
      PARA i DESDE 1 HASTA (tamanio - 1) CON INCREMENTO DE 1
      HACER
         SI (tab[i] > tab[i+1])
         ENTONCES
            intercambiar(tab[i],tab[i+1])
            fini <- FALSO
         FINSI
      FINPARA
   HASTA (fini)
FIN
```

La lógica de este algoritmo es relativamente sencilla: intercambiamos dos elementos si no están en el orden correcto y nos detenemos tras una ejecución sin intercambios.

El mayor inconveniente de este método de ordenación es el número de pasadas que hay que hacer por la tabla para ordenarla. Para superar este problema, existe la ordenación por inserción.

3.4 Ordenación por inserción

En la ordenación por inserción, empezamos dividiendo la tabla en subtablas, empezando siempre por la primera celda: la primera de tamaño 1, la segunda de tamaño 2, la tercera de tamaño 3, etc. y la última del tamaño de la tabla.

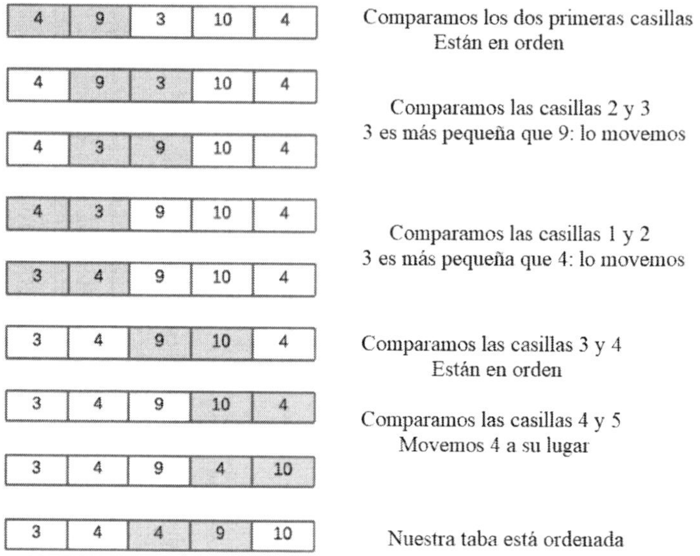

4	9	3	10	4	Comparamos los dos primeras casillas Están en orden
4	9	3	10	4	Comparamos las casillas 2 y 3 3 es más pequeña que 9: lo movemos
4	3	9	10	4	
4	3	9	10	4	Comparamos las casillas 1 y 2 3 es más pequeña que 4: lo movemos
3	4	9	10	4	
3	4	9	10	4	Comparamos las casillas 3 y 4 Están en orden
3	4	9	10	4	Comparamos las casillas 4 y 5 Movemos 4 a su lugar
3	4	9	4	10	
3	4	4	9	10	Nuestra taba está ordenada

Ordenación por inserción

En cada una de las subtablas, ordenamos correctamente sus elementos, como se muestra en la figura anterior.

Con esta ordenación, siempre utilizamos una tabla ordenada a la que añadimos un único valor, lo que simplifica mucho la colocación de este nuevo valor en la tabla.

```
PROCEDIMIENTO ordenacion_insercion (E/S : tab : TABLA[] : ENTERO,
E : tamanio : ENTERO)
VAR
   i, tmp, j : ENTERO
INICIO
   PARA i DESDE 2 HASTA tamanio CON INCREMENTO DE 1
   HACER
      tmp <- tab[i]
      j <- i - 1
      MIENTRASQUE ((j > 0) Y (tab [j] > tmp))
      HACER
         tab [j+1] <- tab [j]
         j <- j - 1
      FINMIENTRASQUE
```

```
        tab [j+1] <- tmp
    FINPARA
FIN
```

Como la primera subtabla consta de una sola celda, ya está ordenada. Comenzamos nuestra estructura iterativa con un contador que empieza en 2.

Para cada subtabla que se tiene que procesar, la recorremos desde el último elemento hasta el primero, desplazando los valores más pequeños a la celda anterior si es necesario.

3.5 Ordenación rápida

La ordenación rápida es la que se implementa generalmente en los lenguajes de programación de alto nivel. Se ilustra en la figura siguiente. Comienza tomando el primer valor de la tabla, que será el **pivote**. Coloca los valores más pequeños que el pivote a su izquierda en la tabla y los valores más grandes a su derecha.

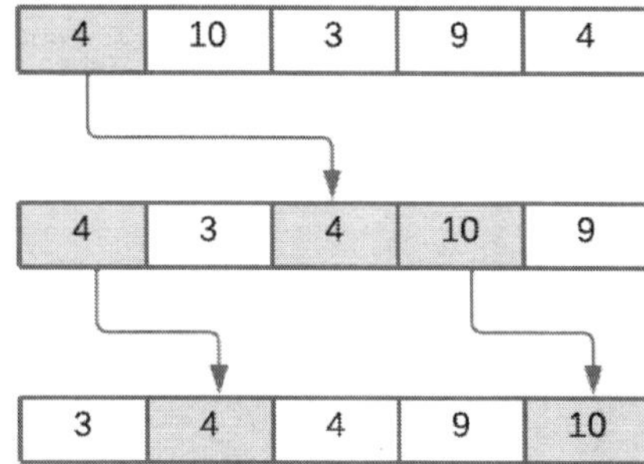

Ordenación rápida

A continuación, repetirá la elección del pivote y la colocación de elementos para la parte anterior al primer pivote y la parte posterior al primer pivote. Se detiene cuando no hay más elementos a la izquierda y a la derecha del pivote actual.

Con esta descripción, nos damos cuenta rápidamente de que esta clase utiliza la recursividad, recordando las dos partes de la tabla que hay que procesar, separadas por la celda pivote.

Esta clasificación requiere varios procesos y, por tanto, varios subprogramas:

- Determinar el pivote.
- Aplicar la ordenación recursiva.
- Empezar a clasificar.

```
PROCEDIMIENTO situar_pivote (E/S : tab : TABLA[] : ENTERO,
E : tamanio, inicio, fin : ENTERO, S : indice_pivote : ENTERO)
VAR
   i, j, pivote : ENTERO
INICIO
   pivote <- tab[inicio]
   i <-inicio
   j <- fin
   MIENTRASQUE (i <= j)
   HACER
      MIENTRASQUE ( (tab[i] <= pivote) Y (i <= j) )
      HACER
         i <- i + 1
      FINMIENTRASQUE
      MIENTRASQUE ( (tab[j] > pivote) Y (i <= j) )
      HACER
         j <- j - 1
      FINMIENTRASQUE
      SI (i <= j)
      ENTONCES
         intercambiar(tab[i],tab[j])
      FINSI
   FINMIENTRASQUE
   indice_pivote <- j
   intercambiar(tab[inicio],tab[j])
FIN

PROCEDIMIENTO ordenacion_rapida_recursiva (E/S : tab : TABLA[] : ENTERO,
E : tamanio, inicio, fin : ENTERO)
VAR indice_pivote : ENTERO
INICIO
   Si (inicio < fin)
   ENTONCES
      situar_pivote(tab,tamanio,inicio,fin,indice_pivote)
      ordenacion_rapida_recursiva(tab,tamanio,inicio,indice_pivote-1)
      ordenacion_rapida_recursiva(tab,tamanio,indice_pivote+1,fin)
   FINSI
FIN

PROCEDIMIENTO OrdenacionRapida (E/S : tab : TABLA[] : ENTERO, E : tamanio)
INICIO
```

```
    ordenacion_rapida_recursiva(tab,tamanio,1,tamanio)
FIN
```

3.6 Ordenación por fusión

La ordenación por fusión es el método de ordenación más rápido en informática. **Divide** la tabla que se va a ordenar en dos subtablas del **mismo tamaño**, hasta un elemento si su tamaño es impar. Lleva a cabo esta separación hasta que solo tiene tablas **de una celda**. A continuación, **agrupa las celdas** de las tablas intermedias, ordenando los valores como se muestra en la figura siguiente:

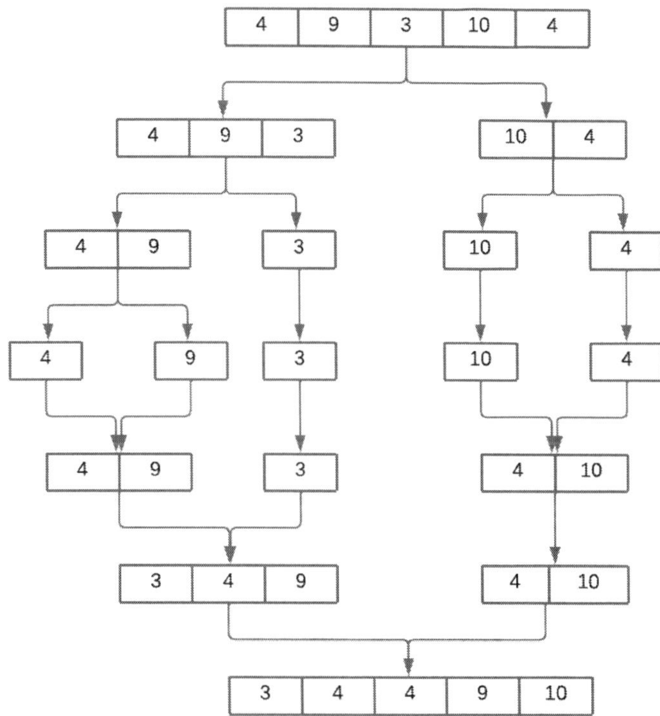

Ordenación por fusión

Con esta ordenación podemos ver que también tiene un razonamiento recursivo similar al de la ordenación rápida.

```
PROCEDIMIENTO fusionar(E/S : tab : TABLA[] : ENTERO, E :
tamanio, inicio, mitad, fin : ENTERO)
VAR i, j ,k : ENTERO
   tab_tmp : TABLA[1…tamanio] : ENTERO
INICIO
   i <- inicio
   j <- fin
   PARA k DESDE 1 HASTA (fin - inicio + 1) CON INCREMENTO DE 1
   HACER
      SI ( (i <= mitad) Y (j <= fin) )
      ENTONCES
         SI (tab[i] <= tab[j])
         ENTONCES
            tab_tmp[k] <- tab[i]
            i <- i + 1
         SINO
            tab_tmp[k] <- tab[j]
            j <- j + 1
         FINSI
      SINO
         SI (i <= mitad)
         ENTONCES
            tab_tmp[k] <- tab[i]
            i <- i + 1
         SINO
            tab_tmp[k] <- tab[j]
            j <- j + 1
         FINSI
      FINSI
   FINPARA
   PARA k DESDE 1 HASTA (fin - inicio + 1) CON INCREMENTO DE 1
HACER
      tab[inicio+k-1] <- pro[k]
   FINPARA
FIN

PROCEDIMIENTO ordenacion_fusion_recursiva (E/S : tab : TABLA[] : ENTERO,
E : tamanio, inicio, fin)
INICIO
   SI (inicio < fin)
   ENTONCES
      ordenacion_fusion_recursiva(tab,tamanio,inicio,(inicio+fin) DIV 2)
      ordenacion_fusion_recursiva(tab,tamanio,(inicio+fin) DIV 2,fin)
      fusionar(tab,tamanio,inicio,(inicio+fin) DIV 2,fin)
   FINSI
```

```
FIN
PROCEDIMIENTO ordenacionFusion (E/S : tab : TABLA[] : ENTERO, E : tamanio)
INICIO
   ordenacionFusion(tab,1,tamanio)
FIN
```

Observación

Hoy en día, el lector ya no tiene que aprender de memoria cómo se implementan los algoritmos de ordenación, ya que son nativos en los lenguajes de programación. Sin embargo, comprenderlos y ser capaz de reproducirlos proporcionará al lector un mejor nivel de programación, ya que habrá adquirido un nivel de abstracción que le permitirá entender cómo funciona el lenguaje con el que está codificando.

*La función sort de Python implementa una ordenación híbrida que mezcla la ordenación por fusión y la ordenación por inserción, llamada **Timsort**. Le dejamos que estudie esta ordenación usted mismo, ahora que sabe lo básico sobre las dos ordenaciones usadas.*

3.7 Búsqueda dicotómica

Ahora que podemos ordenar nuestras tablas, podemos optimizar la búsqueda de un valor en ellas.

Para ello, podemos utilizar una búsqueda dicotómica, como se ilustra en la siguiente figura.

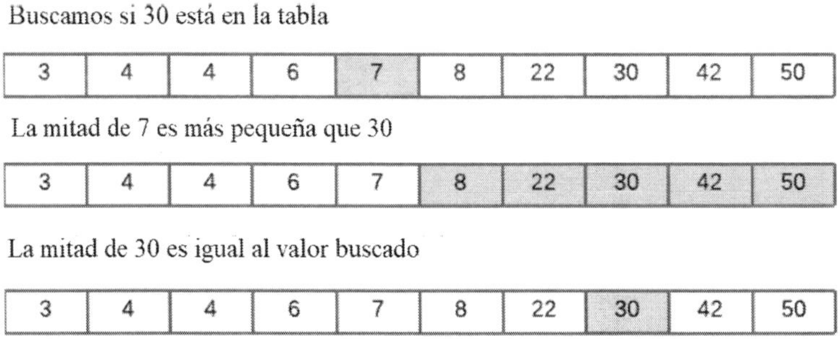

Buscamos si 30 está en la tabla

3	4	4	6	7	8	22	30	42	50

La mitad de 7 es más pequeña que 30

3	4	4	6	7	8	22	30	42	50

La mitad de 30 es igual al valor buscado

3	4	4	6	7	8	22	30	42	50

Búsqueda dicotómica

El principio de esta búsqueda es bastante sencillo. Empezamos buscando el valor de la celda situada en el centro de la tabla. En el mejor de los casos, éste es el valor que buscamos. En caso contrario, si es mayor que el valor que buscamos, continuamos la búsqueda en la primera mitad de la tabla. Si es menor, buscamos en la segunda mitad de la tabla. Repetimos estas operaciones hasta encontrar el valor. Si el valor que buscamos no está en la tabla, nuestra última mitad de la tabla consistirá en una única celda que no es el valor que buscamos.

En los algoritmos, la separación de la tabla en dos partes se basa en el valor de varios contadores: uno para el índice inicial, otro para el índice final y otro para el índice medio. Vamos a cambiar el valor de estos contadores para indicar en qué mitad buscar el valor solicitado.

```
PROGRAMA BusquedaDicotomica
VAR
   tab : TABLA[1…10] : ENTERO
   inicio, mitad fin, valor : ENTERO
   encontrado <- FALSO : BULEANO
INICIO
   // initialización y ordenación de la tabla ya realizadas
   ESCRIBIR("Escribir el valor a buscar")
   val <- LEER()
   inicio <- 1
   fin <- 10     // el tamaño de la tabla
   MIENTRASQUE inicio <= fin Y NO encontrado
   HACER
      mitad <- (inicio + fin ) DIV 2
      SI tab[mitad] = val
      ENTONCES
         encontrado <- VERDADERO
      SINO
         SI tab[mitad] < val
            // por lo tanto buscamos en la primera mitad
         ENTONCES
            fin <- mitad -1
         SINO
            // o en la segunda mitad
            inicio <- mitad + 1
         FINSI
         FINSI
   FINMIENTRASQUE
```

```
   SI encontrado
   ENTONCES
      ESCRIBIR("el valor está presente en la tabla)
   SINO
      ESCRIBIR("la tabla no contiene el valor solicitado")
   FINSI
FIN
```

Observación

Puede ver que acabamos de comprobar el valor de las variables booleanas en nuestras condiciones. Esto es lo mismo que hacer una comparación booleana.

4. Funciones y procedimientos con Python

Como señalamos en la sección anterior, Python solo implementa funciones.

4.1 Funciones en Python

Las funciones de Python se deben **declarar al principio del script**. El bloque de instrucciones es obligatorio para las funciones. Si, por razones prácticas, necesitamos dejar vacío el cuerpo de una función, utilizamos la palabra clave pass. Para definir una función, utilizamos la palabra clave def.

Una buena forma de separar las funciones del código principal, es utilizar una sentencia if especial en Python:

```
if __name__ == '__main__':
```

```
# una función sin cuerpo
def miFuncion():
   pass

# código para el procedimiento muestra_tabla
def muestraTabla(tab):
   for e in tab:
      print(e)
```

```
# código del procedimiento doble
def doble(a):
   return a * a

# código de la función maximo
def maximo(a,b):
   if a > b :
      return a
   else:
      return b

# programa principal
if __name__ == '__main__':
   muestraTabla ([1,2,3])
   a = 2
   aa = doble(2)
   print("el doble de", a, "es", aa)
   print("el máximo es", maximo(2,3))
```

Este código utiliza los procedimientos y funciones definidos en las secciones anteriores. Hay varias diferencias entre el algoritmo y Python:

- El tipo de retorno no se declara porque Python es un lenguaje de tipado dinámico.
- La sentencia `DEVOLVER` se sustituye por la sentencia `return`.
- Un procedimiento sin salida es una función sin retorno.
- Una función que devuelve un valor se puede llamar directamente en una sentencia `print`.
- No es necesario pasar el tamaño de una tabla cuando se pasa como argumento.

4.2 Características especiales de Python

Como sucede en cualquier lenguaje de programación, Python tiene sus propias características específicas, sobre todo en lo que se refiere a las funciones, que no están necesariamente implementadas en otros lenguajes.

Múltiples valores de retorno

En Python, una función puede **devolver varios valores**, lo que llamamos un retorno múltiple. Para ello, basta con separar los distintos valores con comas en la sentencia return.

Observación

Tenga cuidado de no encerrar varios valores de retorno entre paréntesis por razones estéticas, ya que esto equivaldría a devolver una única tupla en lugar de varios valores.

Cuando llamamos a una función con múltiples de retorno, recuperamos varios valores. Por tanto, tenemos que enumerar los valores antes de asignarlos, separándolos por comas.

```
# el procedimiento de cálculo de un rectángulo
def calculoRectangulo (la, lo):
   area = la * lo
   perimetro = la * 2 + lo * 2
   return area, perimetro

if __name__ == '__main__':
   la = 2
   lo = 4
   area, perimetro = calculoRectangulo(la,lo)
   print("el área del rectángulo es", area)
   print("el perímetro del rectángulo es", perimetro)
```

Observación

Preste atención al orden de los valores de retorno, que se debe respetar al asignarlos con la llamada a la función.

Valores por defecto

Python permite dar un **valor por defecto** a los argumentos, que se asigna cuando se declara la función.

```
# maximo entre tres valores
def maximo3(a=0, b=1, c=3):
   if a > b  and a > c:
      return a
   elif b > c:
      return b
   else:
      return c

if __name__ == '__main__':
   print("llamada con los valores por defecto", maximo3())
   print("llamada sin los valores por defecto", maximo3(1, 2, 3))
   print("llamada con algunos valores por defecto", maximo3(3, 4))
# a vale 3, b 4 y c 3
   print("llamada con algunos valores por defecto", maximo3(4))
# a vale 0, b 4 y c 3
   print("llamada con algunos valores por defecto",
maximo3(b=3, c=4)) # a vale 0, b 3 y c 4
```

Podemos llamar a la función `maximo3` definida anteriormente sin argumentos, con algunos argumentos o con todos los argumentos.

Cuando se realiza una llamada sin argumentos, solo se asignan los valores por defecto a todos los argumentos.

Cuando llamamos a la función con tantos valores como argumentos, no se utiliza ningún valor por defecto.

Si tenemos que utilizar el valor por defecto para un argumento que no sea el último o los últimos, debemos nombrar el argumento o los argumentos que no utilizan los valores por defecto, como se muestra en el fragmento de código anterior. De lo contrario, Python no sabrá a qué argumento asignar valores.

Lambda expression

Para funciones simples que solo requieren una sentencia return con un cálculo, Python permite implementarlas en las lambda expressions. Estas expresiones se pueden declarar en cualquier parte del código, como las variables. Se llaman de la misma manera que las funciones estándares.

Una lambda expression se **declara mediante un identificador, al que asignamos la función utilizando la palabra clave** `lambda`. Los argumentos siguen a la palabra clave lambda sin corchetes, y el valor de retorno se indica con dos puntos.

```
if __name__ == '__main__':
    doble = lambda a : a * 2
    print("el doble de 2 es", doble(2))
```

Las funciones lambda solo se deben utilizar para cálculos muy sencillos que impliquen una única instrucción, para no sobrecargar la lectura y, por tanto, la comprensión.

5. Ejercicios

5.1 Ejercicio 1

Escriba un algoritmo que calcule el área de un círculo en una subrutina. Codifique el script Python correspondiente.

5.2 Ejercicio 2

Escriba un algoritmo que calcule el volumen de una caja en una subrutina. Codifique el script Python correspondiente utilizando valores por defecto para los argumentos de la función.

5.3 Ejercicio 3

Escriba un algoritmo que calcule y devuelva en un subprograma el valor mayor de una tabla, entre dos índices que se pasan como argumentos. Codifique el script Python correspondiente.

5.4 Ejercicio 4

Escriba un algoritmo con un subprograma que devuelva el nombre del mes según su número. Por ejemplo, si el usuario introduce 1, se mostrará enero. Codifique el script Python correspondiente.

5.5 Ejercicio 5

Escriba un algoritmo que calcule el número de palabras de una cadena utilizando una subrutina. Para simplificar, supondremos que dos palabras solo están separadas por un espacio. Codifique el script Python correspondiente.

5.6 Ejercicio 6

Escriba un algoritmo que dé el número de dígitos de un número entero introducido por el usuario. Codifique el script Python correspondiente.

5.7 Ejercicio 7

Escriba un algoritmo que determine si dos palabras son anagramas o no. Codifique el script Python correspondiente.

5.8 Ejercicio 8

Escriba un algoritmo que calcule en un subprograma la distancia de Hamming entre dos argumentos de tipo cadena de caracteres. Esta distancia representa el número de caracteres diferentes entre las dos cadenas del mismo tamaño. Por ejemplo, la distancia entre perro y verde es 3 y la distancia entre bob y sos es 2. Codifique el script Python correspondiente.

5.9 Ejercicio 9

Escriba el algoritmo completo y luego el código Python para el juego de las tres en raya, descomponiéndolo en subprogramas:

- `initTablero(tablero): tablero`
- `tableroCompleto(tablero): buleano`
- `winner(tablero): buleano`
- `mostrarTablero(tablero)`
- `jugadaJugador(tablero):` int,int (un jugador no debe poder hacer trampas y debe introducir un int entre 0 y 2, ambos inclusive).

5.10 Ejercicio 10

Codifique la ordenación por burbujas en Python.

5.11 Ejercicio 11

Implementar la búsqueda dicotómica en un script de Python.

5.12 Ejercicio 12 - Recursión

Implemente el juego del dragaminas en un script de Python, dividiéndolo en subprogramas. Recuerda escribir primero los algoritmos de los subprogramas.

Capítulo 7
Pasar al modo confirmado

1. Punteros y referencias

1.1 Implementación de la memoria

Cuando ejecutamos un programa en un ordenador, éste tiene que almacenar toda la información para que el programa se ejecute correctamente. Para almacenar los datos durante la ejecución, utiliza una zona de memoria dedicada, su **pila** (o *stack* en inglés).

La pila funciona como una pila de objetos en la vida real: podemos recuperar un objeto de la pila empezando por el objeto situado en la parte superior, es decir, el último objeto colocado en la pila. Por tanto, el primer objeto de la pila es el último que podemos recuperar.

La pila no puede recordar un elemento concreto porque se van desapilando, es decir, eliminando de la pila, a medida que se ejecuta el programa. Este sistema permite a la pila ejecutar instrucciones con extrema rapidez porque no retiene nada.

Podemos pensar en esta pila como un espacio compacto en el que cada celda tiene un tamaño fijo en bytes y, sobre todo, un número fijo de celdas para simplificar su implementación.

Instrucción
Instrucción
Instrucción
Instrucción
Instrucción
....
producto.cantidad <- fresas
producto.cantidad <- 0
Instrucción
Instrucción
Instrucción
Instrucción

Pila

Pila utilizada durante la ejecución de un programa

Consideremos un ejemplo sencillo con nuestra estructura de datos que representa los productos de una lista de la compra. En la figura anterior, podemos ver que esta estructura ocupará dos casillas. Pero, ¿no representan estas celdas una única variable?

1.2 Gestión de punteros

Para ahorrar espacio en la pila y recuperar elementos específicos, podemos almacenar instrucciones en el **heap** inglés, otra zona de memoria dedicada a la ejecución de un programa.

El heap se utiliza para la asignación dinámica de memoria: cualquier bloque de datos se puede asignar o desasignar en cualquier momento. Por tanto, su gestión es más compleja, pero nos permite almacenar limpiamente nuestras complejas estructuras de datos.

Para almacenar valores en el heap, necesitamos utilizar un **puntero**, como se muestra en la figura siguiente, y así ocupar solo una celda de la pila.

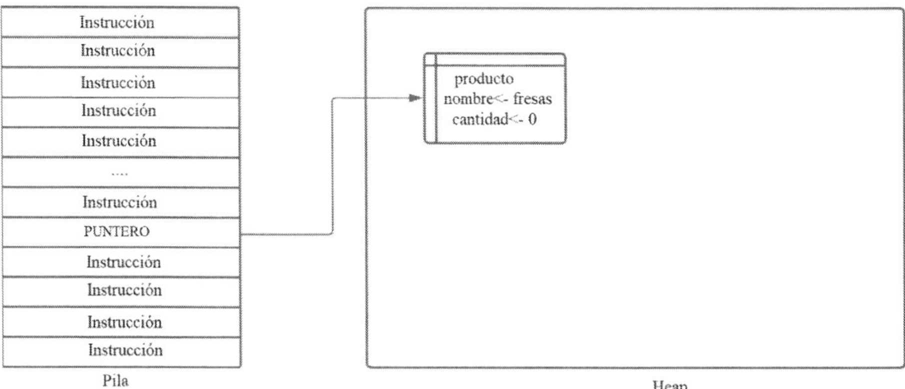

Pila, heap y puntero

Un puntero se declara con una **estrella** delante del nombre de la variable. Un puntero tiene dos propiedades: l**a dirección de memoria y el valor apuntado**.

```
VAR
   *mi_puntero_entero : ENTERO
```

Para utilizar un puntero, hay que asignarle memoria utilizando el operador NUEVO seguido del tipo del valor al que apunta. Si queremos desasignar el espacio de memoria de un puntero, basta con asignarle el valor especial NULL, que indica que los bloques del montón ya no están en uso y, por tanto, se pueden destruir.

Cualquier puntero que haya sido asignado en un programa debe ser desasignado antes del final de dicho programa, para evitar pérdidas de memoria. Una pérdida de memoria puede causar graves problemas, como una lentitud extrema del programa o incluso de todo el sistema operativo.

Para recuperar un valor apuntado simple, necesitamos utilizar el operador *.

```
PROGRAMA Ejemplo_puntero
VAR
   *puntero <- NULL : entero
   n : ENTERO
INICIO
   // Inicialización del puntero = asignación de memoria
   puntero = NUEVO entero
   ESCRIBIR("Escribir un entero")
   n <- LEER()
   *puntero = n
   ESCRIBIR(puntero)    // muestra el valor de la dirección del puntero
   ESCRIBIR(*puntero)   // muestra el valor apuntado, es decir, n
FIN
```

En el caso particular de un puntero de `ESTRUCTURA`, para recuperar el valor apuntado, necesitamos utilizar el operador ->.

```
PROGRAMA Ejemplo_puntero_de_estructura
ESTRUCTURA producto
INICIO
   nombre : CADENA
   cantidad : ENTERO
FINESTRUCTURA
VAR
   *puntero <- NULL : producto
INICIO
   // Inicialización del puntero = asignación memoria
   puntero = NUEVO producto
   ESCRIBIR("Escribir un nombre de producto")
   puntero->nombre <- LEER()
   ESCRIBIR("Escribir la cantidad de este producto")
   puntero->cantidad <- LEER()
   ESCRIBIR(puntero->nombre, " : ", puntero->cantidad)
FIN
```

Los punteros son esenciales para las estructuras complejas de datos que se utilizan habitualmente en informática, ya que permiten gestionar eficazmente la memoria del ordenador cuando se ejecuta un programa.

2. Listas enlazadas

El límite de las tablas es su **tamaño fijo**: o bien conocemos de antemano las dimensiones exactas de la tabla y estamos seguros de que nunca cambiarán o bien, en caso de duda, le asignamos unas dimensiones mayores a las necesarias para prever futuras modificaciones, aunque esto suponga perder espacio de memoria (las celdas no utilizadas de la tabla).

Para superar el problema del tamaño fijo de las tablas, existen estructuras de datos complejas, como las **listas**. Las listas tienen una **asignación de memoria dinámica**: su tamaño aumenta a petición del desarrollador.

Una lista es un conjunto de "**enlaces**", relacionados entre sí por un **puntero** y que contienen un valor, equivalente a la celda de una tabla unidimensional.

Observación

Como la mayoría de los lenguajes de programación implementan estas complejas estructuras, al lector le conviene saber cómo funcionan para poder entender mejor lo que se codifica en el lenguaje y, por tanto, programar mejor y con más eficacia.

2.1 Listas enlazadas simples

Las primeras listas son las listas enlazadas simples. Este tipo de listas **solo** se pueden leerse **desde el primer enlace hasta el último**.

A diferencia de las tablas, no existe el operador de indexación [ ], sea cual sea el tipo de lista. El acceso a una lista solo es **secuencial**: cada enlace lleva al siguiente, empezando siempre por el primero.

2.1.1 Creación

Para crear una lista simple enlaza, primero tenemos que representar qué es un enlace. Para ello, vamos a utilizar una ESTRUCTURA que contenga dos campos, como se muestra en la siguiente figura:

- El **valor** de los datos.
- El **puntero** al siguiente enlace.

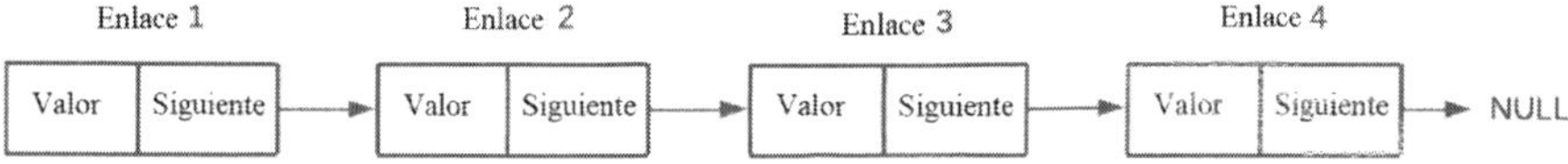

Representación de una lista enlazada simple

Para indicar que el enlace es el último de la lista, el siguiente campo apuntará al valor NULL.

```
ESTRUCTURA enlace
INICIO
   valor : tipo
   *siguiente <- NULL : enlace
FINESTRUCTURA
```

Al igual que las tablas, las listas solo pueden contener valores del mismo tipo, como muestra el enlace ESTRUCTURA. Suponemos que cada enlace creado será el último, de ahí la inicialización del siguiente puntero a NULL, es decir, el último elemento de la lista.

Utilizando la ESTRUCTURA enlazada, ahora podemos definir la ESTRUCTURA lista, que se muestra en la figura anterior:

```
ESTRUCTURA lista
INICIO
    tamanio : ENTERO
    *primero <- NULL : enlace
  FINESTRUCTURA
```

```
PROGRAMA Declaracion_lista
VAR
   Mi_lista : lista
INICIO
FIN
```

Además de contener su primer enlace, una lista también tiene un tamaño, es decir, el número de enlaces. Esto nos permitirá manipularla más fácilmente más adelante.

La dificultad de las listas reside en la gestión de los punteros que representan los enlaces entre ellas.

2.1.2 Recorrido

Para manipular una lista, necesitamos definir el tipo que gestionan los enlaces de esta lista en la `ESTRUCTURA enlace`. Hemos elegido trabajar con números enteros para ilustrar todas las formas en que se pueden manipular listas enlazadas simples.

En esta sección, pedimos al lector que considere una lista de enteros ya inicializada, porque solo nos interesa recorrerla.

El principio de navegación o recorrido por una lista es el siguiente: mientras el enlace actual no sea `NULL`, mostramos su valor y pasamos al siguiente enlace. Por supuesto, empezamos por el primer enlace, que es el único acceso a los elementos de la lista.

```
PROGRAMA Recorrer_lista_entero
ESTRUCTURA enlace_entero
INICIO
   valor : ENTERO
   *siguiente <- NULL : enlace_entero
FINESTRUCTURA

ESTRUCTURA lista_entero
INICIO
   tamanio <- 0 : ENTERO
   *primero <- NULL : enlace_entero
FINESTRUCTURA

VAR
   mi_lista : lista_entero
   *enlace_actual <- NULL : enlace_entero
INICIO
   enlace_actual <- mi_lista.primero
   // El ultimo enlace apunta a NULL
   MIENTRASQUE enlace_actual ≠ NULL
```

```
    HACER
       ESCRIBIR("Valor : ", enlace_actual->valor)
       enlace_actual <- enlace_actual->siguiente
    FINMIENTRASQUE
FIN
```

La dificultad de este recorrido radica en el uso de un puntero de enlace que recibirá los valores de los enlaces de la lista, uno tras otro.

2.1.3 Añadir un elemento

Podemos añadir un enlace a una lista, ya sea como primer elemento o como último:

- El procedimiento `agregar_inicio` recibe como argumentos una lista y un valor, y añade este valor como primer elemento de la lista. Su lógica se ilustra en la siguiente figura.
- El procedimiento `agregar_fin` recibe como argumentos una lista y un valor, y añade este valor como último elemento de la lista. Su comportamiento se describe más adelante en esta sección.

Vamos a crear un algoritmo para crear y añadir algunos valores a una lista de enteros.

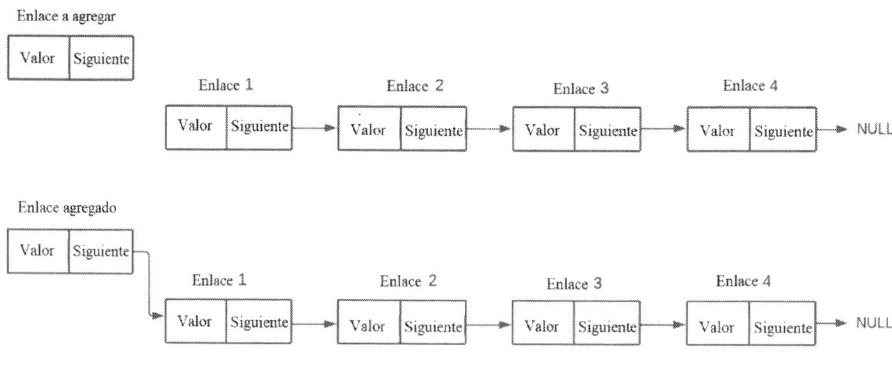

Añadir un elemento al principio de la lista

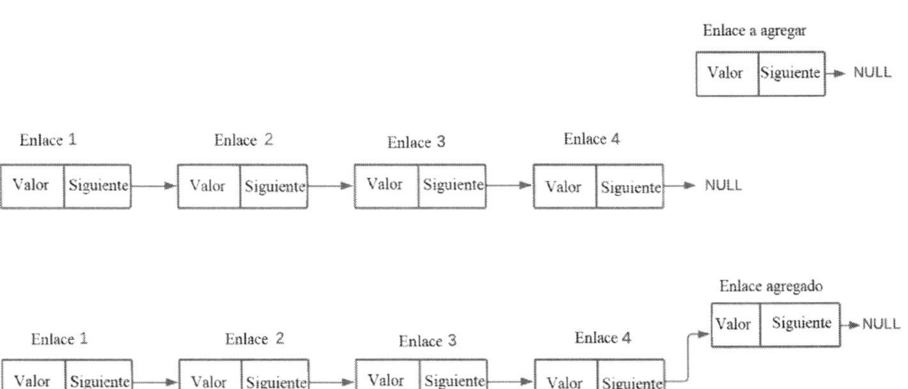

Añadir un enlace al final de la lista

```
ESTRUCTURA enlace_entero
INICIO
   valor : ENTERO
   *siguiente <- NULL : enlace_entero
FINESTRUCTURA

ESTRUCTURA lista_entero
INICIO
   tamanio <- 0 : ENTERO
   *primero <- NULL : enlace_entero
FINESTRUCTURA

PROCEDIMIENTO agregar_inicio(E/S: lista : lista_entero, E : valor : ENTERO)
VAR
   *enlace : enlace_entero
INICIO
   enlace <- NUEVO enlace_entero
   enlace->valor <- valor
   enlace->siguiente <- lista.primero
   lista.primero <- enlace
   lista.tamanio <- lista.tamanio + 1
FIN

PROCEDIMIENTO agregar_fin(E/S: lista : lista_entero, E : valor : ENTERO)
VAR
   *enlace_actual <- NULL : enlace_entero
   *nuevo_enlace <- NULL : enlace_entero
INICIO
   enlace_actual <- mi_lista.primero
   MIENTRASQUE enlace_actual ≠ NULL
   HACER
```

```
      enlace_actual <- enlace_actual->siguiente
   FINMIENTRASQUE
   nuevo_enlace <- NUEVO enlace_entero
   nuevo_enlace->valor <- valor
   enlace_actual->siguiente <- nuevo_enlace
   lista.tamanio <- lista.tamanio + 1
FIN

PROGRAMA Creacion_lista_entero
VAR
   mi_lista : lista_entero
   nuevo_valor, i : ENTERO
   *enlace_actual <- NULL : enlace_entero
INICIO
   PARA i DESDE 1 HASTA 5  CON INCREMENTO DE 1
   HACER
      ESCRIBIR("Escriba el valor ", i)
      valor <- LEER()
      agrega_inicio(mi_lista, valor)
   FINPARA
   PARA i DESDE 1 HASTA 5  CON INCREMENTO DE 1
   HACER
      ESCRIBIR("Escriba el valor ", i)
      valor <- LEER()
      agrega_fin(mi_lista, valor)
   FINPARA
   // Mostramos nuestra lista suponiendo que el usuario
ha escrito los enteros de 1 a 10 en orden creciente
   enlace_actual <- mi_lista.primero
   MIENTRASQUE enlace_actual ≠ NULL
   HACER
      ESCRIBIR("Valor : ", enlace_actual->valor)
      enlace_actual <- enlace_actual->siguiente
   FINMIENTRASQUE
   // valor de la lista : 5 4 3 2 1 6 7 8 9 10
FIN
```

Para añadir al inicio, creamos un nuevo puntero de enlace que recibe como `siguiente`, los elementos de una lista con una asignación al primer elemento de la lista. A continuación, simplemente sustituimos el primer enlace de la lista por este nuevo enlace.

Para añadir al final, tenemos que recorrer la lista hasta el último elemento y hacer que apunte al nuevo enlace, en lugar de a `NULL`. Por defecto, el siguiente puntero al enlace insertado tiene el valor `NULL`, por lo que es el último elemento de la lista.

En todos los casos, hay que aumentar el tamaño de la lista en 1.

Para insertar valores en la lista, basta con llamar a uno u otro de los procedimientos de adición, en función de nuestras necesidades.

2.1.4 Borrar un elemento

Para eliminar un enlace de la lista, tenemos tres opciones:

- El procedimiento `eliminar_inicio`, que recibe la lista como argumento y elimina el primer enlace de la misma, dando su valor como un argumento de entrada/salida, cuya lógica se ilustra en el siguiente diagrama.
- El procedimiento `eliminar_fin`, que recibe la lista como argumento y retira el último enlace, dando su valor como un argumento de entrada/salida, y cuyo comportamiento se describe en una de las figuras siguientes.
- El procedimiento `eliminar`, que recibe la lista y un valor como argumentos y elimina la primera aparición de este valor de la lista, cuyos pasos se describen en una de las figuras siguientes.

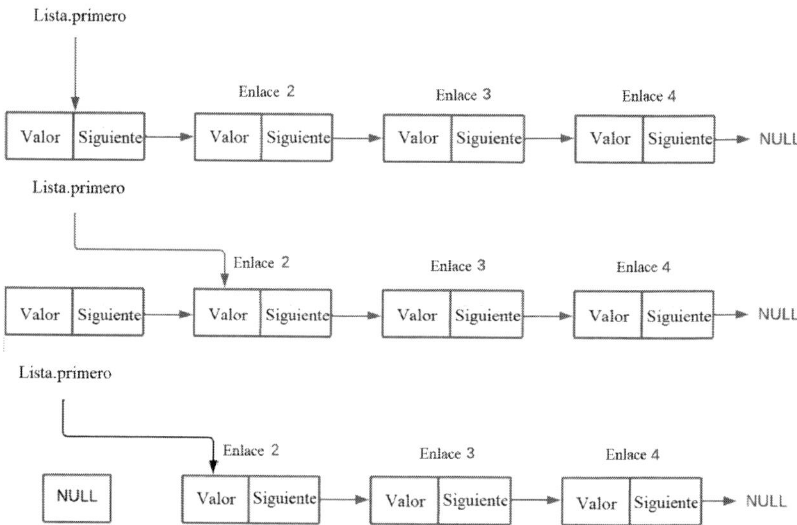

Borrar el primer elemento de una lista

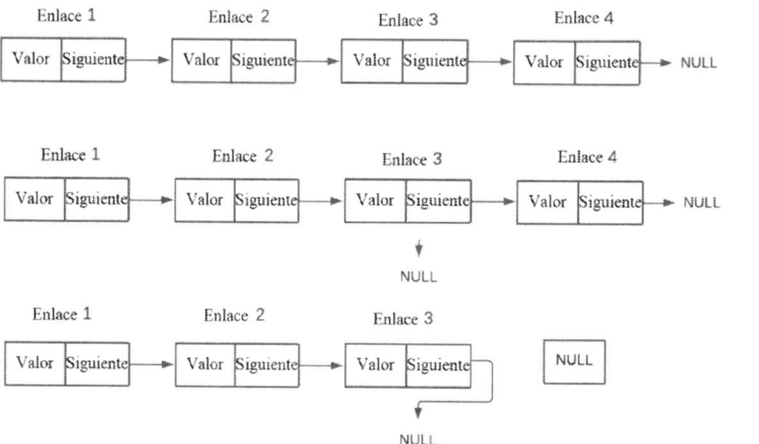

Borrar el último elemento de una lista

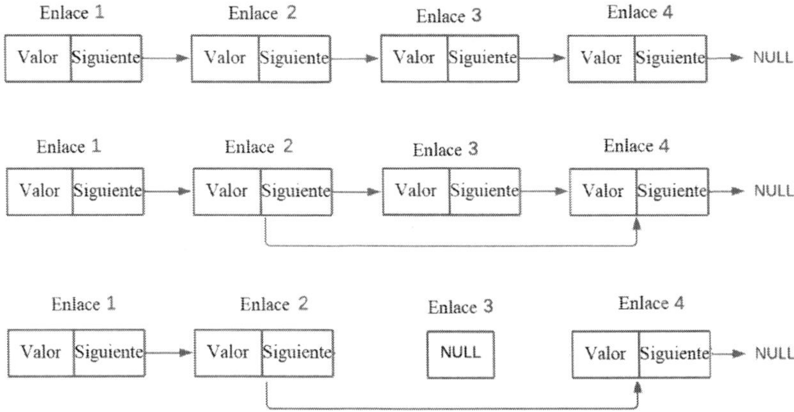

Eliminar un enlace en medio de una lista

```
ESTRUCTURA enlace_entero
INICIO
   valor : ENTERO
   *siguiente <- NULL : enlace_entero
FINESTRUCTURA

ESTRUCTURA lista_entero
INICIO
   tamanio <- 0 : ENTERO
   *primero <- NULL : enlace_entero
FINESTRUCTURA

PROCEDIMIENTO eliminar_inicio(E/S: lista : lista_entero, E/S : valor :
ENTERO, S : elimina : BULEANO)
VAR
   *enlace : enlace_entero
INICIO
   elimina <- FALSO
   SI lista.primero ≠ NULL
   ENTONCES
      valor <- lista.primero->valor
      enlace <- lista.primero
      lista.primero <- lista.primero->siguiente
      enlace <- NULL
      elimina <- VERDADERO
   FINSI
   lista.tamanio <- lista.tamanio - 1
FIN
```

```
PROCEDIMIENTO eliminar_fin(E/S: lista : lista_entero, E/S : valor :
ENTERO, S : elimina : BULEANO)
VAR
   *enlace_actual <- NULL : enlace_entero
   *ultimo_enlace <- NULL : enlace_entero
INICIO
   elimina <- FALSO
   SI lista.primero ≠ NULL
   ENTONCES
      enlace_actual <- mi_lista.primero
      MIENTRASQUE enlace_actual->siguiente ≠ NULL
      HACER
         ultimo_enlace <- enlace_actual
         enlace_actual <- enlace_actual->siguiente
      FINMIENTRASQUE
      lista.tamanio <- lista.tamanio - 1
      valor <- enlace_actual->valor
      enlace_actual <- NULL
      ultimo_enlace.siguiente <- NULL
      elimina <- VERDADERO
   FINSI
FIN

PROCEDIMIENTO eliminar(E/S: lista : lista_entero, E : valor : ENTERO,
S : elimina : BULEANO)
VAR
   *enlace_actual <- NULL : enlace_entero
   *enlace_anterior <- NULL : enlace_entero
INICIO
   elimina <- FALSO
   SI lista.primero ≠ NULL
   ENTONCES
      enlace_actual <- mi_lista.primero
      MIENTRASQUE enlace_actual->valor ≠ valor Y enlace_actual
≠ NULL
      HACER
         enlace_anterior <- enlace_actual
         enlace_actual <- enlace_actual->siguiente
      FINMIENTRASQUE
      SI enlace_actual ≠ NULL
      ENTONCES
         enlace_anterior->siguiente <- enlace_actual->siguiente
         enlace_actual <- NULL
         lista.tamanio <- lista.tamanio - 1
         elimina <- VERDADERO
      FINSI
```

```
   FINSI
FIN

PROGRAMA Creacion_eliminacion_enlace_lista_entero

VAR
   mi_lista : lista_entero
   nuevo_valor, i : ENTERO
   *enlace_actual <- NULL : enlace_entero
   ok : BULEANO
INICIO
   // Creación de la lista
   PARA i DESDE 1 HASTA 5 CON INCREMENTO DE 1
   HACER
      ESCRIBIR("Escriba el valor ", i)
      valor <- LEER()
      agrega_inicio(mi_lista, valor)
   FINPARA
   PARA i DESDE 1 HASTA 5 CON INCREMENTO DE 1
   HACER
      ESCRIBIR("Escriba el valor ", i)
      valor <- LEER()
      agrega_fin(mi_lista, valor)
   FINPARA
   // Mostramos nuestra lista suponiendo que el usuario ha introducido
los enteros de 1 a 10 en orden creciente
   enlace_actual <- mi_lista.primero
   MIENTRASQUE enlace_actual ≠ NULL
   HACER
      ESCRIBIR("Valor : ", enlace_actual->valor)
      enlace_actual <- enlace_actual->siguiente
   FINMIENTRASQUE
   // valor de la lista : 5 4 3 2 1 6 7 8 9 10
   // Eliminación de tres elementos de la lista
   eliminar_inicio(mi_lista, nuevo_valor, ok)
   SI ok
      ESCRIBIR("El valor eliminado es: ", nuevo_valor)
   ENTONCES
   SINO
      ESCRIBIR("No podemos eliminar un valor de una lista vacía")
   FINSI
   eliminar_fin(mi_lista, nuevo_valor, ok)
   SI ok
      ESCRIBIR("El valor eliminado es: ", nuevo_valor)
   ENTONCES
   SINO
      ESCRIBIR("No podemos eliminar un valor de una lista vacía")
```

```
   FINSI
   eliminar (mi_lista, 1, ok)
   SI ok
      ESCRIBIR("El valor eliminado es: ", nuevo_valor)
   ENTONCES
   SINO
      ESCRIBIR("No podemos eliminar un valor de una lista vacía
o si el valor no está en la lista")
   FINSI
   // valor de la lista :  4 3 2 5 6 7 8 9
FIN
```

En los procedimientos que eliminan elementos, hemos añadido un buleano como argumento de salida para indicar que efectivamente hemos eliminado un enlace de la cadena. Esto nos permite manejar fácilmente el caso de listas vacías y el hecho de que el valor no exista en la lista.

Para cada tipo de eliminación de enlace, es **indispensable desasignar la memoria del enlace** que se va a suprimir, asignándole el valor `NULL`. De lo contrario, creamos una pérdida de memoria y, por tanto, un problema importante para la gestión informática de la memoria del programa.

Para eliminar el primer enlace, asignamos el primer enlace de la lista a su sucesor y luego lo desasignamos.

Para eliminar el último enlace, nos desplazamos por la lista hasta el penúltimo enlace. Desasignamos el puntero del `siguiente` de enlace para eliminar el último elemento de la lista.

Para eliminar un enlace de la mitad de la lista, buscamos el valor del enlace en un camino a través de la lista. Una vez encontrado este valor, 'saltamos' un enlace al enlace anterior, mientras desasignamos el enlace a eliminar.

2.1.5 Insertar un elemento

Para insertar un enlace en una lista, escribiremos un procedimiento `insertar` que recibe como argumentos la lista, el valor a insertar y su índice. Para este procedimiento en particular la lista tiene un campo que representa su tamaño.

Este procedimiento inserta el valor en un nuevo enlace en la posición solicitada. El comportamiento de este procedimiento se muestra en la siguiente figura.

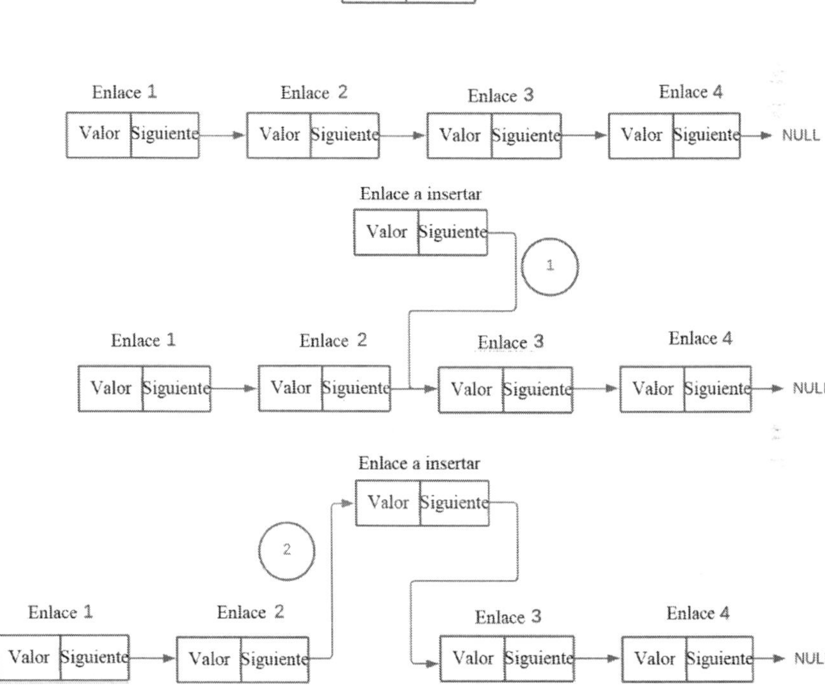

Insertar un enlace en una lista

```
ESTRUCTURA enlace_entero
INICIO
   valor : ENTERO
   *siguiente <- NULL : enlace_entero
FINESTRUCTURA

ESTRUCTURA lista_entero
INICIO
   tamanio <- 0 : ENTERO
   *primero <- NULL : enlace_entero
FINESTRUCTURA

PROCEDIMIENTO insertar(E/S: lista : lista_entero, E : valor, indice :
ENTERO, S : inserta : BULEANO)
VAR
   *enlace_anterior : enlace_entero
   *enlace_nuevo : enlace_entero
   i : ENTERO
INICIO
   inserta <- FALSO
   // prueba para validar que podemos insertar un enlace en
la lista
   SI indice > 0 Y lista.tamanio <= indice Y lista.primero ≠ NULL
   ENTONCES
      enlace <- lista.primero
      PARA i DESDE 2 HASTA indice CON INCREMENTO DE 1
         enlace_anterior <- enlace.siguiente
      FINPARA
      enlace_nuevo <- NUEVO enlace_entero
      enlace_nuevo-> valor <- valor
      enlace_nuevo->siguiente <- enlace_anterior->siguiente
      enlace_anterior->siguiente <- enlace_nuevo
      inserta <- VERDADERO
   FINSI
   lista.tamanio <- lista.tamanio - 1
FIN

PROGRAMA Creacion_insercion_enlace_lista_entero
VAR
   mi_lista : lista_entero
   nuevo_valor, i : ENTERO
   *enlace_actual <- NULL : enlace_entero
   ok : BULEANO
INICIO
   // Creación de la lista
   PARA i DESDE 1 HASTA 5  CON INCREMENTO DE 1
   HACER
      ESCRIBIR("Escriba el valor ", i)
      valor <- LEER()
```

```
      agrega_inicio(mi_lista, valor)
   FINPARA
   PARA i DESDE 1 HASTA 5  CON INCREMENTO DE 1
   HACER
      ESCRIBIR("Escriba el valor ", i)
      valor <- LEER()
      agrega_fin(mi_lista, valor)
   FINPARA
   // Mostramos nuestra lista suponiendo que el usuario ha introducido
los enteros de 1 a 10 en orden creciente
   enlace_actual <- mi_lista.primero
   MIENTRASQUE enlace_actual ≠ NULL
   HACER
      ESCRIBIR("Valor : ", enlace_actual->valor)
   FINMIENTRASQUE
   // valor de la lista : 5 4 3 2 1 6 7 8 9 10
   // Inserción del valor 42 al índice 3
   insertar(mi_lista, 42, 3, ok)
   SI ok
      ESCRIBIR("Inserción con éxito")
   SINO
      ESCRIBIR("Índice demasiado grande o demasiado pequeño o lista vacía")
   // valor de la lista :  4 3 42 2 1 6 7 8 9 10
FIN
```

La lógica para insertar un valor en una lista es la siguiente: tras comprobar que la inserción es posible (índice positivo e incluido en el tamaño de la lista, que no está vacía), navegamos por la lista hasta el enlace con el índice requerido, al que llamamos `enlace_anterior`. Una vez recuperado este enlace, creamos el nuevo enlace con su campo siguiente, que apuntará al `siguiente` del `enlace_anterior`, y luego el `siguiente` de enlace_anterior a este nuevo enlace.

2.2 Listas enlazadas circulares

Una lista enlazada circular es una lista enlazada simple en la que el siguiente campo del último enlace apunta al primer enlace de la lista, como se muestra en la figura siguiente.

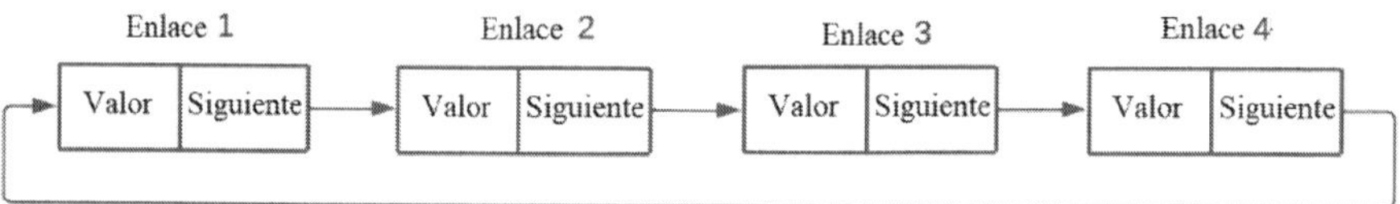

Lista enlazada circular

2.2.1 Creación y recorrido

A nivel de `ESTRUCTURA`, para representar una lista circular, podemos utilizar las definidas para una lista enlazada simple:

```
ESTRUCTURA enlace_entero
INICIO
   valor : ENTERO
   *siguiente <- NULL : enlace
FINESTRUCTURA

ESTRUCTURA lista_circular_entero
INICIO
   tamanio <- 0 : ENTERO
   *primero <- NULL : enlace_entero
FINESTRUCTURA
```

La única diferencia con una lista enlazada simple es la gestión del campo `siguiente` en el último enlace: no apunta a `NULL` sino al primer enlace. De este modo, una lista con un único elemento tendrá su enlace apuntando a sí mismo, como se muestra en la figura siguiente.

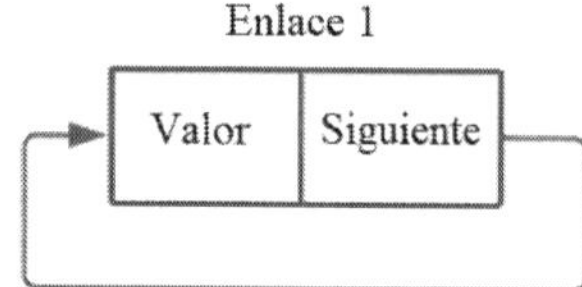

Lista circular de enlace único

Vamos a empezar por crear una lista de enlaces que revisaremos más adelante:

```
ESTRUCTURA enlace_entero
INICIO
   valor : ENTERO
   *siguiente <- NULL : enlace

ESTRUCTURA lista_circular_entero
INICIO
   *primero <- NULL : enlace_entero
FINESTRUCTURA

Programa Creacion_recorrido_lista_circular
VAR
   *enlace <- NULL : enlace_entero
   *enlace_recorrido <- NULL : enlace_entero
   lista : lista_circular_entero
INICIO
   enlace <- NUEVO enlace_entero
   ESCRIBIR("Escriba el valor del primer enlace de la lista
circular")
   enlace->valor <- LEER()
   lista.primero <- enlace
   lista.tamanio <- lista.tamanio + 1
   // Recorrer la lista circular
   enlace_recorrido <- lista.primero
   SI lista.primero ≠ NULL
   ENTONCES
      PARA i DESDE 1 HASTA lista.tamanio  CON INCREMENTO DE 1
      FAIR
         ESCRIBIR("Valor : ", enlace_recorrido->valor)
         enlace_recorrido <- enlace_recorrido->siguiente
      FINPARA
   FINSI
FIN
```

Para recorrer una lista enlazada simple circular, no podemos utilizar la misma estructura iterativa `MIENTRASQUE` utilizada para recorrer una lista enlazada simple: esto daría lugar a un bucle infinito que mostraría los valores de la lista sin detenerse nunca. Por lo tanto, estamos obligados a utilizar una estructura iterativa `PARA` que iterará sobre las posiciones de los enlaces y se detendrá en el último enlace de la lista, gracias al campo tamaño de la lista.

2.2.2 Añadir un elemento

Los dos procedimientos para añadir al principio o al final de una lista en una lista enlazada simple se deben adaptar para una lista circular para gestionar el campo siguiente en el último enlace que apunta al primer enlace de la lista.

La lógica del procedimiento `agregar_inicio` se muestra en el siguiente diagrama, y la del procedimiento `agregar_fin` en el diagrama posterior.

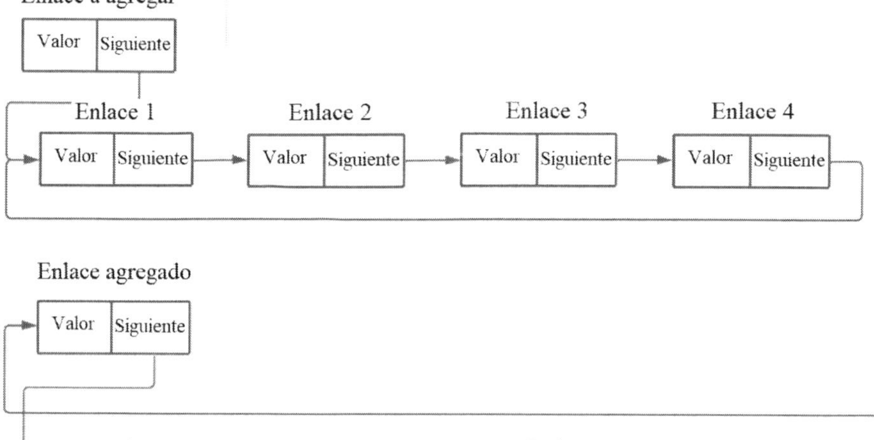

Añadir al inicio de una lista circular

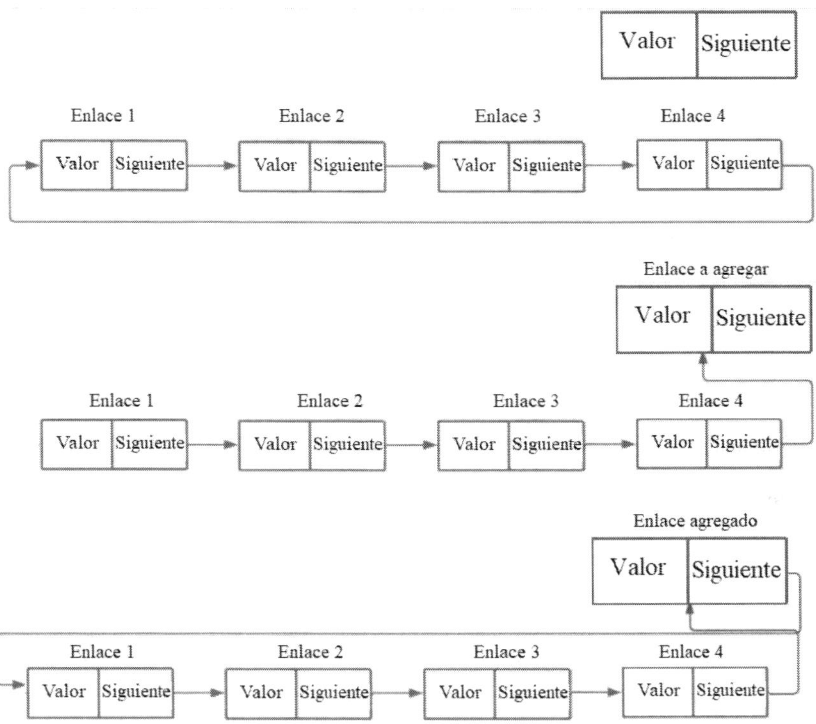

Añadir al final de una lista circular

Ahora vamos a construir los algoritmos de estos dos procedimientos. Para simplificar, supondremos que nunca se hará una adición a una lista circular vacía.

```
ESTRUCTURA enlace_entero
INICIO
   valor : ENTERO
   *siguiente <- NULL : enlace
FINESTRUCTURA

ESTRUCTURA lista_circular_entero
INICIO
   tamanio <- 0 : ENTERO
   *primero <- NULL : enlace_entero
FINESTRUCTURA
PROCEDIMIENTO agregar_inicio(E/S: lista : lista_circular_entero,
S :
```

```
valor : ENTERO)
VAR
   *enlace : enlace_entero
   *enlace_actual : enlace_entero
   i : ENTERO
INICIO
   enlace_actual <- lista.primero
   // Buscamos el último enlace
   PARA i DESDE 2 HASTA lista.tamanio  CON INCREMENTO DE 1
   HACER
      enlace_actual <- enlace_actual->siguiente
   FINPARA
   enlace <- NUEVO enlace_entero
   enlace->valor <- valor
   enlace->siguiente <- lista.primero
   enlace_actual->siguiente <- enlace
   lista.primero <- enlace
   lista.tamanio <- lista.tamanio + 1
FIN
PROCEDIMIENTO agregar_fin(E/S: lista : lista_circular_entero, S :
valor : ENTERO)
*enlace : enlace_entero
   *enlace_actual : enlace_entero
   i : ENTERO
INICIO
   enlace <- NUEVO enlace_entero
   enlace->valor <- valor
   enlace->siguiente <- lista.primero
   lista.primero <- enlace
   enlace_actual <- lista.primero
   PARA i DESDE 2 HASTA lista.tamanio  CON INCREMENTO DE 1
   HACER
      enlace_actual <- enlace_actual->siguiente
   FINPARA
   enlace <- NUEVO enlace_entero
   enlace->valor <- valor
   enlace->siguiente <- lista.primero
   enlace_actual->siguiente <- enlace
   lista.tamanio <- lista.tamanio + 1
FIN
```

Para añadir, siempre tenemos que recorrer la lista para recuperar el último enlace y cambiar su puntero siguiente al enlace correcto.

2.2.3 Borrar un elemento

Para eliminar un enlace de la lista circular, debemos adaptar los procedimientos:

- El procedimiento `eliminar_inicio`, que recibe la lista como argumento y elimina de ella el primer enlace, dando su valor como un argumento de entrada/salida, cuya lógica se ilustra en una de las figuras siguientes;
- El procedimiento `eliminar_fin`, que recibe la lista como argumento y retira el último enlace, dando su valor como un argumento de entrada/salida, y cuyo comportamiento se describe en una de las figuras siguientes.

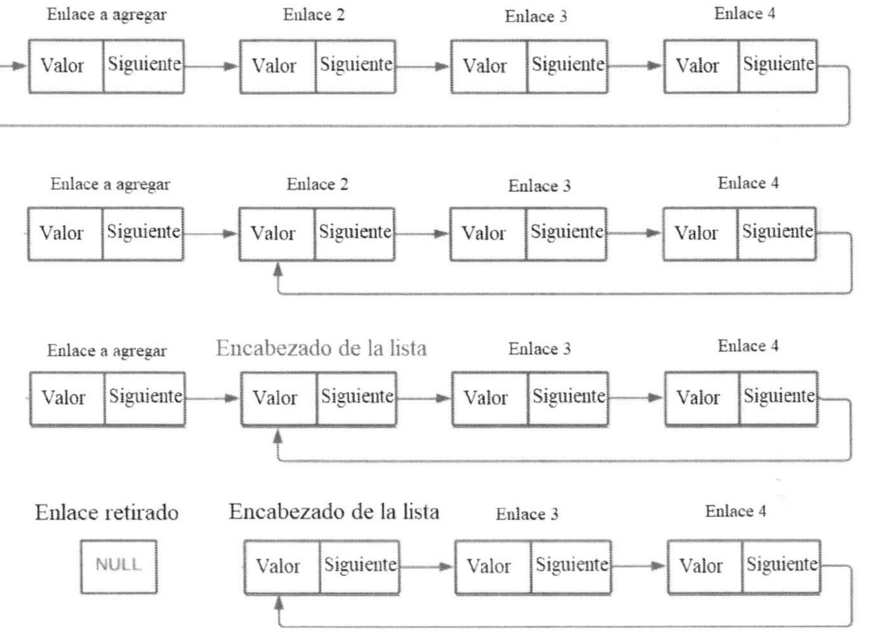

Borrar el primer enlace de una lista circular

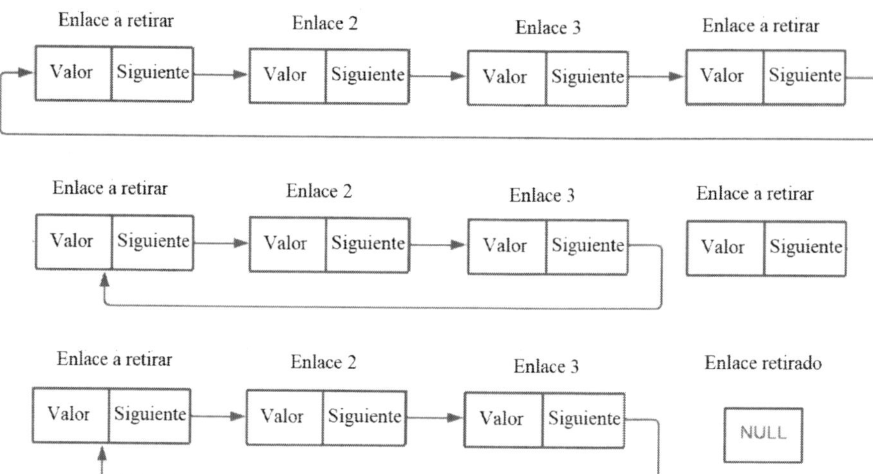

Borrar el último enlace de una lista circular

El procedimiento `eliminar` sigue siendo el mismo que para las listas enlazadas simples, ya que no implica la gestión del campo siguiente en el último enlace de la lista.

En nuestros algoritmos para borrar un elemento al principio o al final de una lista circular, no tratamos el caso de una lista vacía, que ya se ha tratado para las listas enlazadas simples. En aras de la claridad, solo trataremos el caso de una lista con al menos un enlace.

```
ESTRUCTURA enlace_entero
INICIO
   valor : ENTERO
   *siguiente <- NULL : enlace
FINESTRUCTURA

ESTRUCTURA lista_circular_entero
INICIO
   tamanio <- 0 : ENTERO
   *primero <- NULL : enlace_entero
FINESTRUCTURA

PROCIDIMIENTO eliminar_inicio(E/S: lista  lista_circular_entero,
E/S: valor : ENTERO, S : eliminar : BULEANO)
```

```
VAR
   *enlace : enlace_entero
   *enlace_actual : enlace_entero
   i : ENTERO
INICIO
   eliminar <- FALSO
   SI lista.tamanio = 1
   ENTONCES
      lista.primero <- NULL
   SINO
         enlace <- lista.primero
      valor <- enlace->valor
      enlace_actual <- lista.primero
      PARAR i DESDE 2 HASTA lista.tamanio CON INCREMENTO DE 1
      HACER
         enlace_actual <- enlace_actual->siguiente
      FINPARA
      enlace_actual->siguiente <- enlace->siguiente
      lista.primero <- enlace->siguiente
      valor <- enlace->valor
      enlace <- NULL
      lista.tamanio <- lista.tamanio - 1
      eliminar <- VERDADERO
   FINSI
FIN

PROCIDIMIENTO eliminar_fin(E/S: lista : lista_circular_entero,
E/S : valor : ENTERO, S : eliminar : BULEANO)
VAR
   *enlace : enlace_entero
   *enlace_actual : enlace_entero
   i : ENERO
INICIO
   eliminar <- FALSO
   SI lista.tamanio = 1
   ENTONCES
      lista.primero <- NULL
   SINO

      enlace_actual <- lista.primero
      PARA i DESDE 2 HASTA lista.tamanio CON INCREMENTO DE 1
      HACER
         enlace <- enlace_actual
         enlace_actual <- enlace_actual->siguiente
```

```
        FINPARA
        valor <- enlace_actual->valor
        enlace_actual <- NULL
        enlace->siguiente <- lista.primero
        lista.tamanio <- lista.tamanio - 1
    FINSI
FIN
```

El caso especial de eliminar un enlace al final o al principio de una lista circular con un solo elemento, se resuelve fácilmente: el primer enlace de la lista se establece en `NULL` para crear una lista vacía.

2.2.4 Insertar un elemento

Para insertar un nuevo enlace en una lista circular, podemos utilizar el mismo procedimiento de inserción que el definido para la lista enlazada simple, ya que normalmente la inserción no afecta al último enlace de la cadena (para ello hay que utilizar el procedimiento `agregar_ultimo`).

Vamos a reforzar nuestras listas con un doble enlace entre sus vínculos.

2.3 Listas encadenadas dobles

Una lista **encadenada doble** es una lista en la que cada enlace tiene un puntero al enlace **anterior**, además del puntero a su **sucesor**. Como se muestra en la figura siguiente, el puntero `anterior` al primer enlace tiene el valor `NULL`, al igual que el puntero `siguiente` al último enlace de la lista.

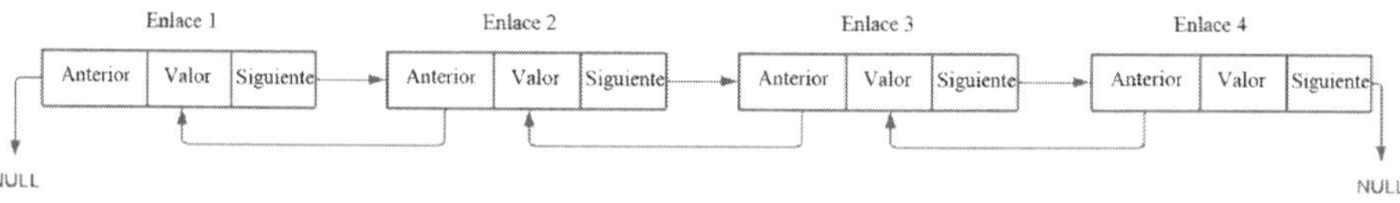

Lista encadenada doble

2.3.1 Creación y recorrido

Tenemos que adaptar la ESTRUCTURA de enlace de las listas enlazadas simples para las listas encadenada dobles, añadiendo un nuevo campo que apunte al enlace anterior:

```
ESTRUCTURA enlace_doble_entero
INICIO
   valor : ENTERO
   *siguiente <- NULL : enlace_doble_entero
   *anterior <- NULL : enlace_doble_entero
FINESTRUCTURA

ESTRUCTURA lista_encadenada_doble
INICIO
   tamanio <- 0 : ENTERO
   *primero <- NULL : enlace_entero
FINESTRUCTURA
```

Ahora vamos a escribir un algoritmo que crea una lista encadenada doble de un elemento y la recorre:

```
PROGRAMA Recorrer_creacion_lista_encadenada_doble
ESTRUCTURA enlace_doble_entero
INICIO
   valor : ENTERO
   *siguiente <- NULL : enlace_doble_entero
   *anterior <- NULL : enlace_doble_entero
FINESTRUCTURA

ESTRUCTURA lista_encadenada_doble
INICIO
   tamanio <- 0 : ENTERO
   *primero <- NULL : enlace_entero
FINESTRUCTURA

VAR
   *enlace <- NULL : enlace_entero
   *enlace_recorrido <- NULL : enlace_entero
   lista : lista_encadenada_doble
   i : ENTERO
INICIO
   enlace <- NUEVO enlace_entero
```

```
   ESCRIBIR("Escriba el valor del primer enlace de la lista
circular")
   enlace->valor <- LEER()
   lista.primero <- enlace
   lista.tamanio <- lista.tamanio + 1
   // Recorrer la lista encadenada doble
   enlace_actual <- mi_lista.primero
   PARA i DESDE 1 HASTA lista.tamanio  CON INCREMENTO DE 1
   HACER
      ESCRIBIR("Valor: ", enlace_actual->valor)
      enlace_actual <- enlace_actual->siguiente
   FINPARA
FIN
```

Podemos ver que nada cambia en la lógica de creación o navegación de una lista encadenada doble, en comparación con una lista enlazada simple.

Las dificultades comienzan al añadir o eliminar un elemento de la lista encadenada doble.

2.3.2 Añadir e insertar un elemento

Para aumentar el tamaño de una lista encadenada doble con un nuevo enlace, necesitamos adaptar los procedimientos de adición al inicio y al final y el procedimiento de inserción para añadir la gestión de punteros para el enlace anterior:

```
ESTRUCTURA enlace_doble_entero
INICIO
   valor : ENTERO
   *siguiente <- NULL : enlace_doble_entero
   *anterior <- NULL : enlace_doble_entero
FINESTRUCTURA

ESTRUCTURA lista_encadenada_doble
INICIO
   tamanio <- 0 : ENTERO
   *primero <- NULL : enlace_entero
FINESTRUCTURA

PROCEDIMIENTO agregar_inicio(E/S: lista : lista_encadenada_doble,
S : valor : ENTERO)
VAR
   *enlace : enlace_doble_entero
```

```
INICIO
   SI lista.primero = NULL
   ENTONCES
      enlace <- NUEVO enlace_entero
      enlace->valor <- valor
      lista.primero <- enlace
   SINO
      enlace <- NUEVO enlace_entero
      enlace->valor <- valor
      enlace->siguiente <- lista.primero
      lista.primero->anterior <- enlace
      lista.primero <- enlace
      lista.tamanio <- lista.tamanio + 1
   FINSI
FIN

PROCEDIMIENTO agregar_fin(E/S: lista : lista_encadenada_doble,
S : valor : ENTERO)
VAR
   *enlace_actual <- NULL : enlace_doble_entero
   *nuevo_enlace <- NULL : enlace_doble_entero
INICIO
   SI lista.primero = NULL
   ENTONCES
   agregar_inicio(lista, valor)
   SINO
      enlace_actual <- mi_lista.primero
      MIENTRASQUE enlace_actual ¹  NULL
      HACER
         enlace_actual <- enlace_actual->siguiente
      FINMIENTRASQUE
      nuevo_enlace <- NUEVO enlace_entero
      nuevo_enlace->valor <- valor
      enlace_actual->siguiente <- nuevo_enlace
      nuevo_enlace->anterior <- enlace_actual
      lista.tamanio <- lista.tamanio + 1
FIN

PROCEDIMIENTO insertar(E/S: lista : lista_entero, E : valor, indice :
ENTERO, S : inserta : BULEANO)
VAR
   *enlace_anterior : enlace_entero
   *enlace_nuevo : enlace_entero
   I : ENTERO
INICIO
   inserta <- FALSO
```

```
   SI indice > 0 Y lista.tamanio < indice - 1 Y lista.primero ≠ NULL
   ENTONCES
      enlace <- lista.primero
      PARA i DESDE 2 HASTA indice - 1  CON INCREMENTO DE 1
      HACER
         enlace_anterior <- enlace.siguiente
      FINPARA
      enlace_nuevo <- NUEVO enlace_entero
      enlace_nuevo-> valor <- valor
      enlace_nuevo->anterior <- enlace_anterior
      enlace_nuevo->siguiente <- enlace_anterior->siguiente
      enlace_anterior->siguiente <- enlace_nuevo
      inserta <- VERDADERO
   FINSI
   lista.tamanio <- lista.tamanio 1 1
FIN
```

Acabamos de añadir la gestión del puntero anterior para gestionar las adiciones a una lista encadenada doble.

2.3.3 Borrar un elemento

La adaptación de los procedimientos para eliminar un enlace en una lista encadenada doble, es la misma que para añadirlo: basta con añadir la gestión del campo anterior.

```
ESTRUCTURA enlace_doble_entero
INICIO
   valor : ENTERO
   *siguiente <- NULL : enlace_doble_entero
   *anterior <- NULL : enlace_doble_entero
FINESTRUCTURA

ESTRUCTURA lista_encadenada_doble
INICIO
   tamanio <- 0 : ENTERO
   *primero <- NULL : enlace_entero
FINESTRUCTURA

PROCEDIMIENTO eliminar_inicio(E/S: lista :
lista_encadenada_doble,
E/S : valor : ENTERO, S : elimina : BULEANO)
VAR
   *enlace : enlace_doble_entero
```

```
INICIO
   elimina <- FALSO
   SI lista.primero ≠ NULL
   ENTONCES
      valor <- lista.primero->valor
      enlace <- lista.primero
      lista.primero <- lista.primero->siguiente
      lista.anterior <- NULL
      enlace <- NULL
      elimina <- VERDADERO
   FINSI
   lista.tamanio <- lista.tamanio 1 1
FIN

PROCEDIMIENTO eliminar_fin(E/S: lista : lista_encadenada_doble,
E/S : valor : ENTERO, S : elimina : BULEANO)
VAR
   *enlace_actual <- NULL : enlace_doble_entero
   *ultimo_enlace <- NULL : enlace_doble_entero
INICIO
   elimina <- FALSO
   SI lista.primero ≠ NULL
   ENTONCES
      enlace_actual <- mi_lista.primero
      MIENTRASQUE enlace_actual->siguiente ≠ NULL
      HACER
         ultimo_enlace <- enlace_actual
         enlace_actual <- enlace_actual->siguiente
         FINMIENTRASQUE
         lista.tamanio <- lista.tamanio - 1
      valor <- enlace_actual->valor
      ultimo_enlace.anterior <- enlace_actual->anterior
      enlace_actual <- NULL
      ultimo_enlace.siguiente <- NULL
      elimina <- VERDADERO
   FINSI
FIN

PROCEDIMIENTO eliminar(E/S: lista : lista_encadenada_doble,
E : valor : ENTERO, S : elimina : BULEANO)
VAR
   *enlace_actual <- NULL : enlace_doble_entero
   *enlace_anterior <- NULL : enlace_doble_entero
INICIO
```

```
    elimina <- FALSO
    SI lista.primero ≠ NULL
    ENTONCES
       enlace_actual <- mi_lista.primero
       MIENTRASQUE enlace_actual->valor ≠ valor Y enlace_actual
≠ NULL
       HACER
          enlace_anterior <- enlace_actual
          enlace_actual <- enlace_actual->siguiente
       FINMIENTRASQUE
       SI enlace_actual ≠ NULL
       ENTONCES
          enlace_anterior->siguiente <- enlace_actual->siguiente
          enlace_anterior->anterior <- enlace_actual->anterior
          enlace_actual <- NULL
          lista.tamanio <- lista.tamanio - 1
          elimina <- VERDADERO

       FINSI
       lista.tamanio <- lista.tamanio - 1
       valor <- enlace_actual->valor
       enlace_actual <- NULL
       ultimo_enlace.siguiente <- NULL
       elimina <- VERDADERO
    FINSI
FIN
```

Observación

Solo hemos hablado de la lista circular enlazada simple. También existe la lista circular encadenada doble, un híbrido entre nuestra lista circular y la lista encadenada doble que vimos antes. La representación de este tipo de lista se muestra en la siguiente figura:

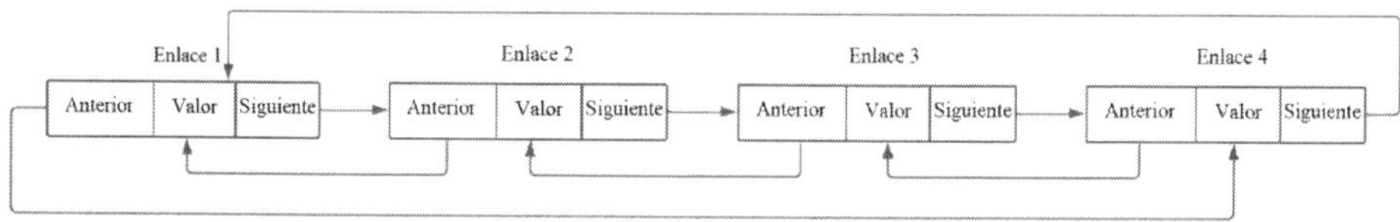

Lista circular encadenada doble

2.4 Pilas y colas

2.4.1 Pilas o LIFO

Una **Pila** es un tipo especial de lista enlazada simple: **solo podemos añadir o eliminar el último elemento**.

Como en un montón de ropa que podemos tener, la prenda que podemos coger es la última que se pone y la primera prenda solo se puede recuperar si todas las demás prendas se han retirado del montón.

Esta restricción explica su acrónimo **LIFO** (*Last In First Out*): el último enlace es el único que se puede eliminar y el primero es siempre el más antiguo en el orden de inserción, como se ilustra en la figura siguiente.

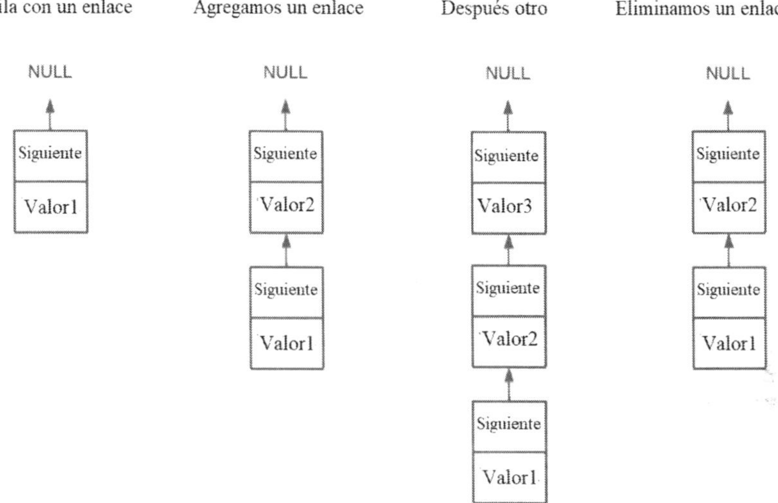

Cómo funciona una pila

Como resultado, con las pilas solo tenemos un único procedimiento para añadir un enlace y un único procedimiento para eliminar, que se convertirán en los procedimientos `apilar` y `desapilar` respectivamente. Es más, los procedimientos para `eliminar` e `insertar` listas no se pueden implementar en pilas, debido a sus restricciones de gestión de elementos.

Dos ejemplos de cómo un ordenador usa una pila, son la gestión de bajo nivel de los registros del procesador y el almacenamiento de alto nivel del historial de un navegador de Internet.

Para definir una lista, podemos utilizar nuestra `ESTRUCTURA` enlace, o `enlace_entero` para una pila de enteros. La `ESTRUCTURA` de la pila también es similar a la de la lista enlazada simple.

```
ESTRUCTURA pila_entero
INICIO
   *primero <- NULL : enlace_entero
   tamanio <- 0 : ENTERO
FINESTRUCTURA
```

El procedimiento `apilar` es un procedimiento que recibe una pila y un valor como argumentos, y añade este valor a la parte superior de la pila.

El procedimiento `desapilar` recibe como argumentos una pila y una variable del mismo tipo que los datos de la pila, para devolver el último valor insertado.

```
PROCEDIMIENTO apilar(E/S : pila : pila_entero, E :  valor : ENTERO)
VAR
   enlace <- NULL : enlace_entero
   enlace_actual <- NULL : enlace_entero
INICIO
   enlace <- NUEVO enlace_entero
   enlace->valor <- valor
   SI pila.tamanio = 0
   ENTONCES
      pila.primero <- enlace
   SINO
      enlace_actual <- pila.primero
      MIENTRASQUE enlace_actual->siguiente ¹ NULL
      HACER
         enlace_actual <- enlace_actual->siguiente
      FINMIENTRASQUE
      enlace_actual->siguiente <- enlace
   FINSI
   pila.tamanio <- pila.tamanio + 1
FIN

PROCEDIMIENTO desapilar(E/S : pila : pila_entero, E/S : valor : ENTERO)
VAR
   enlace_actual <- NULL : enlace_entero
```

```
INICIO
   SI pila.tamanio > 0
   ENTONCES
      enlace_actual <- pila.primero
      MIENTRASQUE enlace_actual->siguiente ¹ NULL
      HACER
         enlace_actual <- enlace_actual->siguiente
      FINMIENTRASQUE
      valor <- enlace_actual->valor
      enlace_actual->NULL
      pila.tamanio <- pila.tamanio - 1
   FINSI
FIN
```

Podemos ver que el procedimiento `apilar` se corresponde con el procedimiento `agregar_fin` de la lista enlazada simple. El procedimiento `desapilar` se corresponde con el procedimiento `eliminar_final` de la lista enlazada simple.

2.4.2 Colas o FIFO

Una **cola** también es una lista enlazada simple con nuevas restricciones:

- Esto solo se puede añadir al principio.
- La eliminación solo se puede hacer en sobre el último.

Para ilustrar esta cola, podemos compararla con la cola de espera en la caja de un supermercado. Una vez que ha seleccionado toda su compra, tiene que pagar en la caja. Cuando no hay caja disponible, tiene que esperar su turno: el primer cliente que llega es el primero en pasar, y así irse después de pagar.

Esto se corresponde con el acrónimo FIFO de *First In Finst Out*: solo podemos eliminar el primer elemento añadido, como se muestra en la figura siguiente.

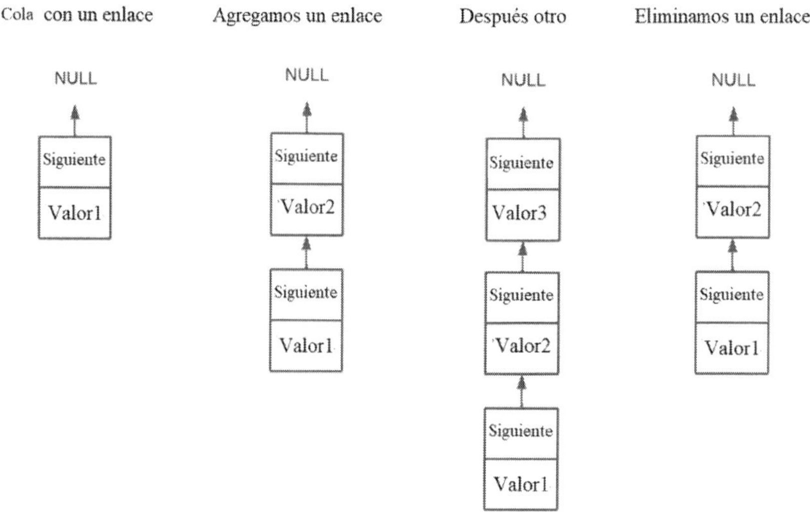

Funcionamiento de una cola

Los ordenadores utilizan las colas para almacenar tareas que se deben procesar según su orden de llegada, para modelar colas de espera o para gestionar una memoria intermedia, por ejemplo.

Como vimos con la pila, podemos volver a utilizar la `ESTRUCTURA` de enlace para la cola.

Los procedimientos de adición y eliminación se sustituyen por:

- El procedimiento `colocar`, que recibe una cola y un valor como argumentos, y añade este valor al principio de la cola.
- El procedimiento `retirar`, que recibe como argumentos una cola y una variable del mismo tipo que los datos de la cola, y que representará el valor retirado.

Implementemos la lógica de estos procedimientos en un algoritmo:

```
ESTRUCTURA cola_entero
INICIO
   *primero <- NULL : enlace_entero
   tamanio <- 0 : ENTERO
FINESTRUCTURA

PROCEDIMIENTO colocar(E/S : cola : cola_entero, E :  valor : ENTERO)
VAR
   enlace <- NULL : enlace_entero
   enlace_actual <- NULL : enlace_entero
INICIO
   enlace <- NUEVO enlace_entero
   enlace->valor <- valor
   SI cola.tamanio > 0
   ENTONCES
      cola.primero <- enlace
   SINO
      enlace_actual <- cola.primero
      MIENTRASQUE enlace_actual->siguiente ≠ NULL
      HACER
         enlace_actual <- enlace_actual->siguiente
      FINMIENTRASQUE
      enlace_actual->siguiente <- enlace
   FINSI
   cola.tamanio <- cola.tamanio + 1
FIN
PROCEDIMIENTO retirar(E/S: file: cola_entero, E/S : valor : ENTERO)
VAR
   *enlace : enlace_entero
INICIO
   SI cola.tamanio > 0
   ENTONCES
      valor <- cola.primero->valor
      enlace <- cola.primero
      cola.primero <- cola.primero->siguiente
      enlace <- NULL
      cola.tamanio <- cola.tamanio 1 1
   FINSI
FIN
```

Podemos ver que el procedimiento colocar se corresponde con el procedimiento `agregar_fin` en la lista enlazada simple. El procedimiento retirar se corresponde con el procedimiento `eliminar_inicio` en la lista enlazada simple.

Hemos terminado de estudiar las listas en términos algorítmicos. Ahora tenemos que estudiar otro tipo complejo de datos: los árboles.

3. Los árboles

3.1 Aspectos principales

En realidad, un **árbol** en algoritmia se inspira en los árboles de la naturaleza. Son estructuras formadas por una raíz, el punto de acceso y ramas y hojas, los puntos intermedios y terminales. Solo podemos recorrer un árbol partiendo de la raíz. Cada rama se puede considerarse un **subárbol**, como se ilustra en la figura siguiente, con su raíz y sus ramas. Esta definición nos da una idea clara de una estructura que utiliza la recursividad.

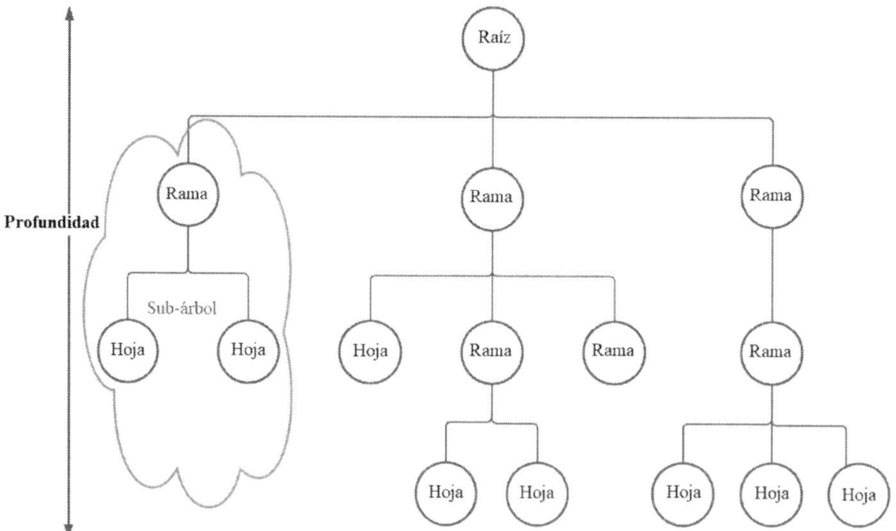

Un árbol cualquiera

Nosotros también utilizamos árboles en nuestras vidas. El ejemplo más evidente de esta estructura compleja es el árbol genealógico.

3.2 Creación

El árbol se crea utilizando una estructura de datos compleja que, al igual que la lista, se construye sobre otra `ESTRUCTURA`: los **nodos**. Un nodo de un árbol puede ser la raíz, una rama o una hoja. Por tanto, cada nodo tendrá una lista de otros nodos, excepto las hojas, que serán una lista vacía.

Por tanto, un árbol vacío es una `ESTRUCTURA` que contiene un puntero a un nodo inicializado en `NULL`.

Cada árbol tiene también una característica que describe su número de niveles: su **profundidad**. Podemos simplificar la profundidad diciendo el número de veces que podemos bajar por el árbol. Por ejemplo, el árbol de la figura anterior tiene una profundidad de tres. Un árbol con una sola raíz tendría una profundidad de cero.

En esta sección, nos centraremos únicamente en los aspectos principales de los árboles y su manipulación, dado que un nodo puede tener un número máximo ilimitado de nodos bajo él. Por razones pedagógicas, la parte algorítmica se tratará en la siguiente sección, cuando hablemos de un tipo específico de árbol: los árboles binarios.

Veamos ahora los diferentes recorridos de los árboles.

3.3 Recorrido a lo ancho

El recorrido a lo **ancho** de un árbol consiste en recorrerlo **por niveles**. Empezamos por la raíz, después las ramas de la raíz, continuamos con las ramas de las ramas, y así sucesivamente hasta llegar a las hojas.

La anchura del árbol que se muestra en la figura siguiente será la siguiente: A B E K C D F G J L H I M N y Z para terminar.

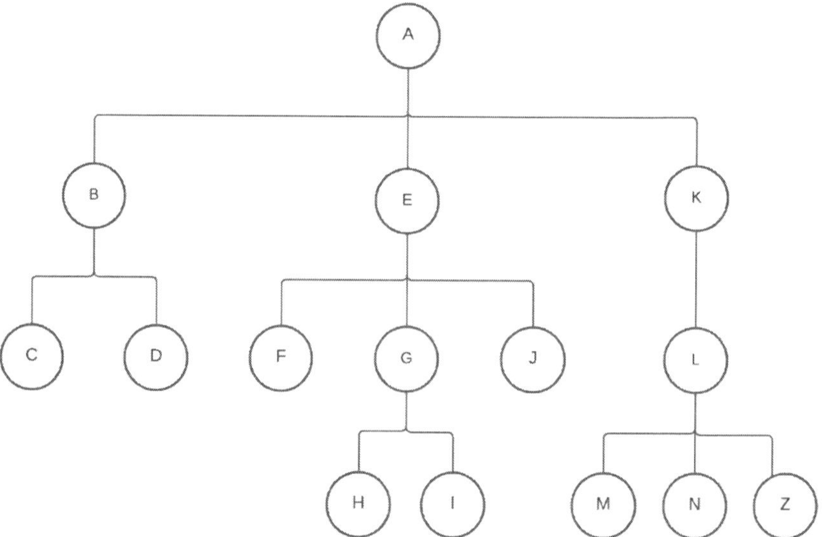

Ejemplo de árbol para ilustrar los recorridos

3.4 Recorrido en profundidad

La ruta en **profundidad**, también conocida como **prefijo**, se puede ver como lo contrario de la ruta a lo ancho: después de la raíz, seguimos su primera rama hasta llegar a sus hojas, luego la segunda hasta llegar a sus hojas, y así sucesivamente.

El recorrido en profundidad del árbol mostrado en la figura anterior, será el siguiente: A B C D E F G H I J K L M N y luego Z para terminar.

3.5 Recorrido infijo

Para el recorrido **infijo**, no empezamos por la raíz, sino por el subárbol situado más a la izquierda, posteriormente la raíz, después el subárbol siguiente y así sucesivamente.

El recorrido infijo del árbol mostrado en la figura anterior, será el siguiente: B C D A E F GH I J M N Z L y K para terminar.

3.6 Recorrido postfijo

En el recorrido **postfijo**, pasamos primero por los subárboles y luego por la raíz.

La profundidad del árbol mostrado en la figura anterior será la siguiente: C D B H I G F J E M N Z L K y A para terminar.

3.7 Insertar una hoja

Para añadir una hoja, la lógica es bastante sencilla. Realizamos un recorrido en la rama en cuestión y añadimos un nuevo nodo a su hoja. La hoja antigua se convierte en una rama, y el nuevo nodo se convierte en la nueva hoja de esa rama.

3.8 Insertar una raíz

También podemos añadir un nuevo nodo a la raíz. El nuevo nodo se convertirá en la raíz del árbol y la antigua raíz en la rama de la nueva raíz.

3.9 Insertar una rama

Insertar un nuevo nodo rama, es decir, que no sea hoja ni raíz, es un poco más complicado. Supongamos que queremos añadir un nodo Y entre los nodos L y Z del árbol. Para ello, tenemos que recorrer la rama que contiene L hasta L, almacenar temporalmente el nodo Z e indicar que el nuevo nodo será el siguiente a L y el anterior a Z.

3.10 Árboles binarios

3.10.1 Creación

Trabajar sobre cualquier árbol es muy complejo en informática, debido a la lista dinámica de nodos para representar las ramas del árbol.

Trabajamos principalmente con árboles binarios. Nos permiten mantener nuestra estructura arbórea, pero imponen una restricción: una rama solo puede tener un máximo de dos nodos, como se muestra en la figura siguiente.

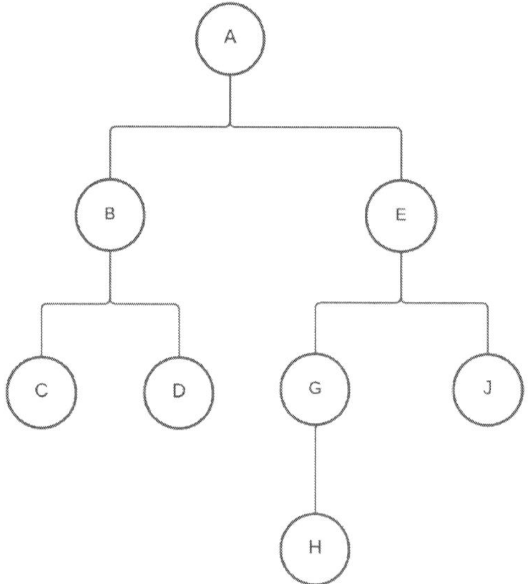

Ejemplo de árbol binario

Con esta restricción, ahora podemos modelar más fácilmente nuestro nodo y árbol en términos algorítmicos. En el resto de esta sección vamos a manipular un árbol entero.

```
ESTRUCTURA nodo_entero
INICIO
   *nodo_izquierda <- NULL : nodo_entero
   *nodo_derecha  <- NULL : nodo_entero
   valor : ENTERO
FINESTRUCTURA
ESTRUCTURA arbol_binario_entero
INICIO
   *raiz <- NULL : nodo_entero
FINESTRUCTURA
```

Con estas dos estructuras, un árbol vacío será un árbol cuya raíz es `NULL` y un árbol no vacío será un nodo con o sin subárbol a la izquierda, seguido o no de un subárbol a la derecha.

Observación

Un árbol binario equilibrado es aquel en el que todas las ramas tienen la misma profundidad.

3.10.2 Recorrido en anchura

El recorrido en anchura es un recorrido por nivel: el recorrido del árbol que se ha mostrado en la figura del apartado anterior es A B E C D G J y H.

Para realizar el recorrido en anchura de un árbol, necesitaremos una **cola de nodos** con las correspondientes operaciones de `colocar` y `retirar`. Por lo tanto, necesitamos crear una nueva estructura para los enlaces de esta cola. Para evitar escribir estas operaciones, lo único que tenemos que hacer es escribir el enlace con el tipo del nodo.

```
ESTRUCTURA nodo_entero
INICIO
   *nodo_izquierda <- NULL : nodo_entero
   *nodo_derecha  <- NULL : nodo_entero
   valor : ENTERO
FINESTRUCTURA
ESTRUCTURA arbol_binario_entero
INICIO
```

```
   *raiz <- NULL : nodo_entero
FINESTRUCTURA
ESTRUCTURA cola_recorrido_arbol
INICIO
   primero <- NULL : enlace_recorrido_arbol
   tamanio <- 0 : ENTERO
FIN
ESTRUCTURA enlace_recorrido_arbol
INICIO
   valor <- NULL : nodo_entero
FINESTRUCTURA
PROCEDIMIENTO recorrido_anchura(E : arbol :
arbol_binario_entero)
VAR
   recorrido <- NULL : cola_entero
   *nodo_temporal <- NULL : nodo_entero
   valor : ENTERO
INICIO
   colocar(recorrido, arbol.raiz)
   MIENTRASQUE recorrido.primero ≠ NULL
   HACER
      retirar(recorrido, nodo_temporal)
      ESCRIBIR(nodo_temporal ->valor)
      SI nodo_temporal->nodo_izquierda ≠ NULL
      ENTONCES
         colocar(recorrido, nodo_izquierda)
      FINSI
      SI nodo_temporal->nodo_derecha ≠ NULL
      ENTONCES
         colocar(recorrido, nodo_derecha)
      FINSI

   FIN
FIN
```

Recorremos nuestro árbol empezando por la raíz y siguiendo por sus ramas. El truco aquí es utilizar una cola. Usando el ejemplo de la figura anterior, colocamos A. Retiramos la cola A para mostrarla y las colas B y E. Retiramos la cola B para mostrarla y las colas C y D. Luego retiramos E y colocamos G y J, etc. lo que nos da una ruta en anchura.

3.10.3 Recorrido en profundidad

Para recorrer un árbol binario en profundidad, utilizamos el hecho de que una rama es también un árbol. Primero visualizamos la raíz de nuestro árbol y luego llamamos al mismo procedimiento en los subárboles de la izquierda y después en el subárbol de la derecha.

```
ESTRUCTURA nodo_entero
INICIO
   *nodo_izquierda <- NULL : nodo_entero
   *nodo_derecha  <- NULL : nodo_entero
   valor : ENTERO
FINESTRUCTURA
ESTRUCTURA arbol_binario_entero
INICIO
   *raiz <- NULL : nodo_entero
FINESTRUCTURA
PROCEDIMIENTO recorrido_profundidad_arbol_binario(E : arbol :
arbol_binario_entero)
VAR
   arbol_temporal : arbol_binario_busqueda
INICIO
   SI arbol.raiz ≠ NULL
   ENTONCES
      arbol_temporal.raiz <- arbol.raiz
      ESCRIBIR(arbol_temporal.raiz->valor)
      recorrido_profundidad_arbol_binario(arbol_temporal.
raiz->nodo_izquierda)
      recorrido_profundidad_arbol_binario(arbol_temporal.
raiz->nodo_izquierda)
   FINSI
FIN
```

Cuando aplicamos esta función al árbol de la figura anterior, obtenemos el camino A B C D E F G H y finalmente J.

3.10.4 Recorrido infijo

Para recorrer un árbol binario infijo, basta con cambiar el orden del procedimiento de recorrido en profundidad: primero el lado izquierdo del árbol, luego su raíz y después el lado derecho.

```
ESTRUCTURA nodo_entero
INICIO
   *nodo_izquierda <- NULL : nodo_entero
   *nodo_derecha  <- NULL : nodo_entero
   valor : ENTERO
FINESTRUCTURA
ESTRUCTURA arbol_binario_entero
INICIO
   *raiz <- NULL : nodo_entero
FINESTRUCTURA
PROCEDIMIENTO recorrido_infijo_arbol_binario(E : arbol :
arbol_binario_entero)
VAR
   arbol_temporal : arbol_binario_busqueda
INICIO
   SI arbol.raiz ≠ NULL
   ENTONCES
      arbol_temporal.raiz <- arbol.raiz
      recorrido_infijo_arbol_binario(arbol_temporal.
raiz->nodo_izquierda)
      ESCRIBIR(arbol_temporal.raiz->valor)
      recorrido_infijo_arbol_binario(arbol_temporal.
raiz->nodo_izquierda)
   FINSI
FIN
```

3.10.5 Recorrido postfijo

El recorrido postfijo muestra primero el subárbol izquierdo, luego el derecho y, por último, la raíz.

```
ESTRUCTURA nodo_entero
INICIO
   *nodo_izquierda <- NULL : nodo_entero
   *nodo_derecha  <- NULL : nodo_entero
   valor : ENTERO
FINESTRUCTURA
ESTRUCTURA arbol_binario_entero
INICIO
   *raiz <- NULL : nodo_entero
FINESTRUCTURA
PROCEDIMIENTO recorrido_postfijo_arbol_binario(E : arbol :
arbol_binario_entero)
VAR
```

```
   arbol_temporal : arbol_binario_busqueda
INICIO
   SI arbol.raiz ≠ NULL
   ENTONCES
      arbol_temporal.raiz <- arbol.raiz
      recorrido_ postfijo_arbol_binario(arbol_temporal.
raiz->nodo_izquierda)
      recorrido_ postfijo_arbol_binario(arbol_temporal.
raiz->nodo_izquierda)
      ESCRIBIR(arbol_temporal.raiz->valor)
   FINSI
FIN
```

3.10.6 Añadir una hoja

Para añadir una hoja a un árbol, necesitamos conocer su nodo padre para saber dónde añadirla. Así que necesitaremos una subrutina para encontrar el padre. Para añadir una hoja a un árbol vacío, lo único que tenemos que hacer es instanciar la raíz del árbol con el nuevo nodo.

Partimos de las siguientes restricciones para nuestros algoritmos:

- El padre existe en el árbol.
- La inserción se realiza primero por la izquierda y luego por la derecha.
- Si el padre ya tiene dos ramas, la inserción fallará.

```
ESTRUCTURA nodo_entero
INICIO
   *nodo_izquierda <- NULL : nodo entero
   *nodo_derecha  <- NULL : nodo_entero
   valor : ENTERO
FINESTRUCTURA
ESTRUCTURA arbol_binario_entero
INICIO
   *raiz <- NULL : nodo_entero
FINESTRUCTURA
FUNCION buscar_nodo(arbol : arbol_binario_entero,
valor : ENTERO) : *nodo_entero
VAR
   arbol_temporal : arbol_binario_entero
INICIO
   SI arbol.raiz->valor = valor
   ENTONCES
      DEVOLVER(arbol.raiz)
```

```
   SINO
      SI arbol.raiz->nodo_izquierda ≠ NULL
      ENTONCES
         arbol_temporal <- buscar_nodo(arbol, valor)
         SI arbol_temporal ≠ NULL Y
arbol_temporal.raiz->valor == valor
         ENTONCES
            DEVOLVER(arbol_temporal.raiz)
         FINSI
      FINSI
      SI arbol.raiz->nodo_derecha ≠ NULL
      ENTONCES
         arbol_temporal <- buscar_nodo(arbol, valor)
         SI arbol_temporal ≠ NULL Y
arbol_temporal.raiz->valor == valor
         ENTONCES
            DEVOLVER(arbol_temporal.raiz)
         FINSI
      FINSI
   FINSI
FIN
PROCEDIMIENTO agregar_nodo_arbol_binario(E/S : arbol :
arbol_binario_entero, E : valor : ENTERO)
VAR
   *padre <- NULL : nodo_entero
   *agrega <- NULL : nodo_entero
INICIO
   SI arbol.raiz = NULL
   ENTONCES
      arbol.raiz <- NUEVO nodo_entero
      arbol.raiz->valor <- valor
   SINO
      padre <- BUSCAR(arbol, valor)
      agrega <- NUEVO nodo_entero
      agrega->valor <- valor
      SI padre->nodo_izquierda = NULL
      ENTONCES
         padre->nodo_izquierda <- agrega
      SINO
         SI padre->nodo_derecha = NULL
         ENTONCES
            padre->nodo_derecha <- agrega
         FINSI
      FINSI
   FINSI
FIN
```

Para buscar un valor, comprobamos si coincide con el valor del árbol que se pasa como argumento. Si no coincide, lo buscamos en el subárbol izquierdo y luego en el subárbol derecho, para lo que utilizamos llamadas recursivas a la función. Una vez encontrado el nodo padre, lo único que falta por hacer es crear la hoja en el lugar correcto (a la izquierda si el valor es menor, a la derecha en caso contrario).

3.11 Árboles binarios de búsqueda

3.11.1 Aspectos principales

Un árbol binario de búsqueda es un árbol binario que facilita la búsqueda de un valor, como su nombre indica. Para simplificar esta operación, el árbol binario tiene una restricción en los nodos del árbol: los valores situados a la izquierda del nodo actual deben ser menores que el valor del nodo y los situados a la derecha deben ser mayores que el valor del nodo, como se muestra en la figura siguiente.

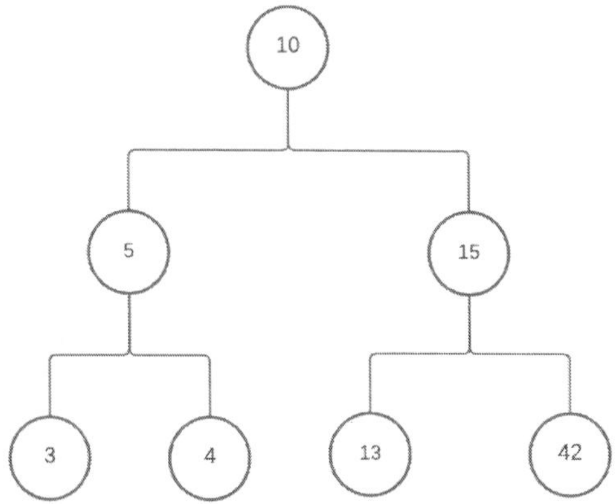

Ejemplo de árbol binario de búsqueda

Por lo tanto, las estructuras `árbol_binario_entero` y `nodo_entero` pueden modelar un árbol binario de búsqueda, con la única diferencia de añadir un nodo. Por lo tanto, los procedimientos de recorrido también se aplican a los árboles binario de búsquedas.

3.11.2 Buscar un valor

Con un árbol binario, sabemos desde la raíz dónde buscar nuestro valor. Si es igual al valor de la raíz, lo hemos encontrado. En caso contrario, si es menor, lo buscamos en la parte izquierda y si es mayor, recorremos el subárbol derecho. Si ninguna raíz procesada es igual al valor, significa que el valor no está en el árbol.

```
ESTRUCTURA nodo_entero
INICIO
   *nodo_izquierda <- NULL : nodo_entero
   *nodo_derecha  <- NULL : nodo_entero
   valor : ENTERO
FINESTRUCTURA
ESTRUCTURA arbol_binario_entero
INICIO
    *raiz <- NULL : nodo_entero
FINESTRUCTURA
FUNCION buscar_valor(arbol : arbol_binario_entero,
valor : ENTERO) : *nodo_entero
VAR
   arbol_temporal : arbol_binario_entero
INICIO
   SI arbol.raiz = NULL
   ENTONCES
      DEVOLVER(NULL)
   SINO
      SI arbol.raiz-> valor = valor
      ENTONCES
         DEVOLVER(valor)
      SINO
         SI arbol.raiz-> valor < valor
         ENTONCES
            DEVOLVER(buscar_valor(arbol.raiz->
nodo_izquierda, valor))
         SINO
            DEVOLVER(buscar_valor(arbol.raiz->
nodo_derecha, valor))
         FINSI
      FINSI
   FINSI
FIN
```

La recursividad de esta función vuelve a ser elegante: si en la raíz no está el valor que buscamos, llamamos a esta función en el subárbol de la izquierda si el valor es menor que el de la raíz. En caso contrario, llamamos a esta función en el subárbol de la derecha. Si hemos recorrido todos los subárboles sin encontrar el valor que buscamos, devolvemos NULL para decir que este valor no existe en el árbol que se ha pasado como argumento.

3.11.3 Añadir una hoja

Cuando el elemento que se va a añadir es una hoja del árbol, como se muestra en la figura siguiente, el nodo padre, es decir, la hoja antigua, se convierte en una rama con el nuevo elemento como hoja, que se coloca a la izquierda o a la derecha en función del valor.

Para este tipo de adición, buscamos en el árbol el valor a insertar, añadiendo el nuevo nodo en el punto donde se detuvo la búsqueda.

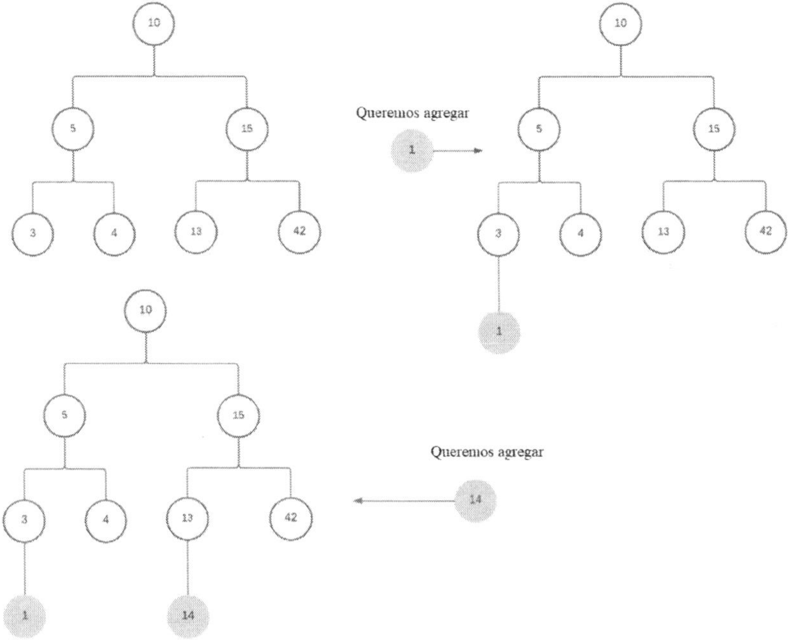

Ejemplos de adiciones sencillas a un árbol binario de búsqueda

```
ESTRUCTURA nodo_entero
INICIO
   *nodo_izquierda <- NULL : nodo_entero
   *nodo_derecha  <- NULL : nodo_entero
   valor : ENTERO
FINESTRUCTURA
ESTRUCTURA arbol_binario_entero
INICIO
   *raiz <- NULL : nodo_entero
FINESTRUCTURA
PROCEDIMIENTO agregar_valor(E/S  : arbol : arbol_binario_entero,
E : valor : ENTERO) : *nodo_entero
VAR
   arbol_temporal : arbol_binario_entero
INICIO
   // hemos llegado al lugar correcto
   SI arbol.raiz = NULL
   ENTONCES
      arbol.raiz <- NUEVO nodo_entero
      arbol.raiz->valor <- valor
   SINO
      SI arbol.raiz->valor < valor
      ENTONCES
         agregar_valor(arbol.raiz->nodo_izquierda, valor)
      SINO
         agregar_valor(arbol.raiz->nodo_derecha, valor)
      FINSI
   FINSI
FIN
```

No vamos a entrar en cómo se añade un valor como una rama en un árbol binario de búsqueda, sino que dejamos que el lector motivado lo resuelva por sí mismo.

4. ¿Y con Python?

En cuanto a las listas, Python no implementa tablas de tamaño fijo, sino que implementa estas estructuras complejas directamente utilizando el tipo de datos lista, que dispone de asignación dinámica de memoria. El lenguaje gestionar totalmente los punteros, lo que simplifica enormemente los programas.

Sin embargo, Python no tiene un tipo de datos correspondiente a los árboles por defecto.

En el último capítulo de este libro, le sugerimos que implemente estos tipos de datos complejos utilizando la noción de objeto, ya que Python no tiene el tipo `ESTRUCTURA`. Este lenguaje utiliza el objeto para permitirnos crear nuestros propios tipos de datos complejos.

5. Ejercicios

5.1 Ejercicio 1

Utilizando las estructuras y procedimientos de este capítulo, cree un subprograma para buscar un valor en una lista enlazada simple.

5.2 Ejercicio 2

Utilizando las estructuras y procedimientos de este capítulo, cree un subprograma para buscar un valor en una lista encadenada doble.

5.3 Ejercicio 3

Utilizando las estructuras y procedimientos de este capítulo, cree un subprograma para buscar un valor en un árbol binario.

Capítulo 8
Archivos

1. El sistema de archivos

1.1 Preámbulo

¿No está cansado de tener que introducir siempre los valores a mano? ¿De verdad funcionan así los programas?

Para dar una solución a la primera pregunta, en este capítulo veremos la **persistencia** de datos en un archivo. Persistencia significa simplemente que vamos a almacenar físicamente en el ordenador los datos que el programa va a utilizar y también los datos que el programa puede compilar.

Antes de ver cómo almacenar información en archivos, tenemos que ver qué son realmente estos archivos.

1.2 Directorio y archivo

Normalmente está acostumbrado a gestionar sus directorios y archivos de forma gráfica mediante un explorador de archivos. Debe saber que esta gestión también se puede realizar mediante un terminal o una consola ya que, de lo contrario, ningún programa informático podría acceder a los archivos.

Un archivo es un **conjunto de información** almacenada en un disco con el mismo nombre. Independientemente de cuál sea el tipo de archivo, se trata de un conjunto de bytes porque el lenguaje binario es el único lenguaje que entiende la máquina, como se muestra en la siguiente figura, que representa un archivo de texto en bytes. Esta figura representa el principio de este capítulo escrito con el programa Word (Sublime Text permite acceder al archivo en bruto independientemente del tipo de archivo).

```
504b 0304 1400 0600 0800 0000 2100 ded4
1d26 b901 0000 6309 0000 1300 0802 5b43
6f6e 7465 6e74 5f54 7970 6573 5d2e 786d
6c20 a204 0228 a000 0200 0000 0000 0000
0000 0000 0000 0000 0000 0000 0000 0000
0000 0000 0000 0000 0000 0000 0000 0000
0000 0000 0000 0000 0000 0000 0000 0000
0000 0000 0000 0000 0000 0000 0000 0000
0000 0000 0000 0000 0000 0000 0000 0000
0000 0000 0000 0000 0000 0000 0000 0000
0000 0000 0000 0000 0000 0000 0000 0000
0000 0000 0000 0000 0000 0000 0000 0000
0000 0000 0000 0000 0000 0000 0000 0000
0000 0000 0000 0000 0000 0000 0000 0000
0000 0000 0000 0000 0000 0000 0000 0000
```

Archivo entendido por el ordenador

Para organizar los archivos, los sistemas operativos utilizan archivos especiales: **directorios o carpetas**. Un directorio es un archivo que representa una lista con los archivos que contiene. En este caso, los archivos pueden ser archivos de datos digitales u otros directorios.

Todos los archivos tienen al menos las siguientes propiedades:

- Un **nombre único** en el directorio para identificarlo.
- Un **tamaño** en bytes.
- Unos **permisos de acceso** para protegerlo.

Los derechos de acceso indican quién puede realizar alguna acción y qué tipo de acción, en un archivo determinado:

- Permisos de **lectura**: acceso a los datos para leerlos.
- Permisos de **escritura**: para poder escribir en el archivo.
- Permiso de **ejecución**: permiso para ejecutar un archivo que representa un programa.

La gran pregunta es cómo puede un programa encontrar un archivo en un disco.

1.3 Árbol de archivos

Cada archivo, directorio o no, siempre está en un directorio. Por lo tanto, esta anidación de archivos representa una jerarquía llamada **árbol de archivos**. Como se muestra en la figura siguiente, esta jerarquía tiene una raíz, el primer directorio, al que siguen ramas, los subdirectorios y los archivos que contiene.

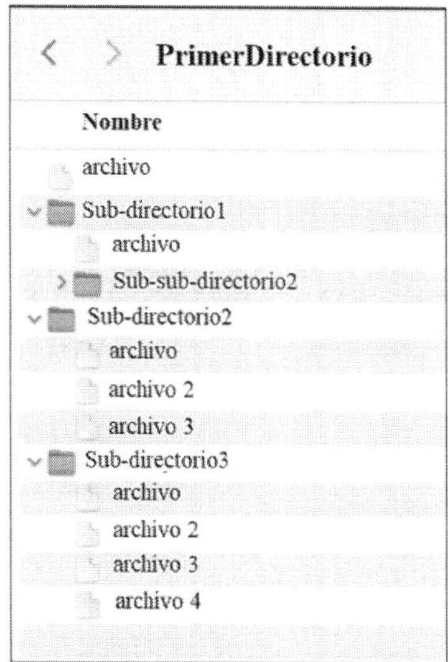

Árbol de archivos

Esta raíz es el **punto de montaje** del disco duro por el que está navegando:

C: en Window (sistema DOS)

/ en Linux y macOS (sistema Unix)

Desde este punto de montaje es desde donde se puede recuperar un archivo. Pongamos un ejemplo: está trabajando en el archivo de ejemplo de su escritorio. Para acceder a él, se utiliza la ruta:

- /usuarios/yo/Desktop/ejemplos en Linux y macOS
- C:\Usuarios\i\Escritorio\ejemplos en Windows

Ya podemos ver una diferencia notable entre los sistemas Unix y DOS: Unix utiliza la / para entrar en un directorio y DOS utiliza la /. Preste mucha atención a este punto en sus próximos programas.

1.4 Ruta absoluta o relativa

Empezar desde el punto de montaje puede ser desalentador y complicado dependiendo del número de directorios que tenga que recorrer. Si tiene que recorrer diez o incluso veinte de ellos, podría perderse fácilmente.

Para simplificar el acceso a un archivo, existen dos tipos de ruta:

- La ruta **absoluta** desde el punto de montaje.
- La ruta **relativa** que parte de un directorio distinto del punto de montaje.

Volvamos a nuestro archivo de *ejemplo* de la sección anterior. Si ya está en su directorio de usuario, puede acceder a él usando:

- ./Desktop/ejemplo en Linux y macOS
- ./Officeexample en Windows

El "./" representa el directorio actual, en el que se encuentra.

Si se encuentra en el directorio sub-rep en el escritorio, para acceder a su archivo debe ir al directorio que contiene el directorio sub-rep. Para subir un directorio, puede utilizar el acceso directo ".." que representa el directorio anterior:

– /../ejemplo en Linux y macOS
– \Ejemplo en Windows

2. Los distintos tipos de archivos

Un archivo se define por su nombre o identificador, pero sobre todo por su **tipo**, representado por su **extensión**.

El tipo de archivo indica al ordenador cómo está organizada la información, es decir, cómo está **formateada**. Con esta indicación, el ordenador también puede determinar con qué aplicación debe abrir o ejecutar el archivo.

Tomemos el ejemplo de nuestros scripts Python. Su extensión es .py, lo que indica al intérprete de Python que puede interpretarlos. Si le pide al intérprete de Python que ejecute un script con extensión ".xls", no entenderá el archivo y mostrará un error.

En esta sección, nos centraremos en algunos ejemplos de los tipos de archivos de prueba que los programas pueden manipular, empezando por los archivos de texto simples y terminando con algunos de los formatos de archivos de texto utilizados en informática.

2.1 Texto no formateado

Los archivos de texto sin formato suelen tener la extensión ".txt" o, algunas veces, ninguna. Son los archivos más sencillos: consisten únicamente en texto codificado utilizando principalmente la tabla ASCII, como se muestra en la figura siguiente:

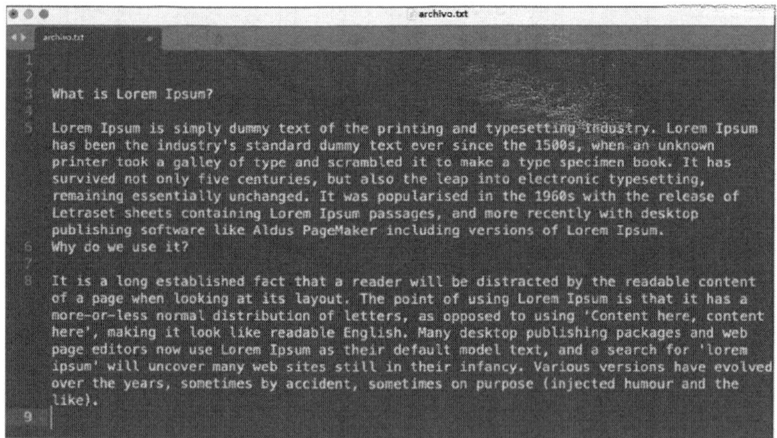

Un archivo de texto sin formato

Las principales codificaciones para archivos de texto son UTF-8 y Latin-1 (principalmente en macOS).

Puede abrir archivos de texto sin formato con aplicaciones como el Bloc de notas o el Editor de texto.

2.2 Texto formateado

Como el texto se utiliza a menudo para comunicarse con los programas informáticos, determinados tipos de archivos imponen un formato a la información que contienen. Esto facilita al programador la búsqueda de la información en el archivo.

La mayoría de las manipulaciones de estos formatos de archivos de texto están integradas en los lenguajes de programación actuales.

2.2.1 CSV

El formato **CSV** o *Coma-Separated Values*, separa los campos de una ESTRUCTURA con comas y las ESTRUCTURAS con saltos de línea.

Como muestra la figura siguiente, los archivos .csv pueden ser manipulados por un ser humano utilizando un programa de hojas de cálculo.

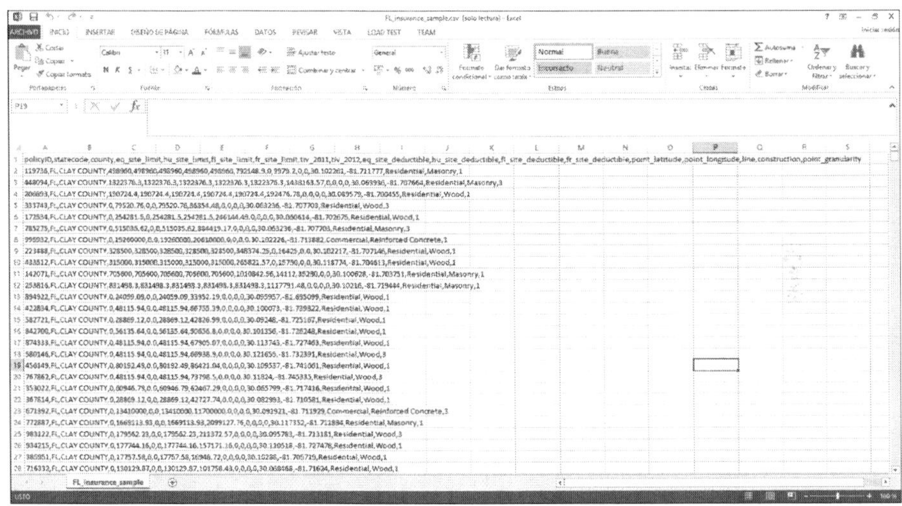

Ejemplo de archivo CSV

2.2.2 XML

Los archivos **XML** por *eXtensible Markup Language*, estructuran los datos en forma de **etiquetas**.

Un archivo XML es siempre una etiqueta que contiene otras etiquetas. Una etiqueta se define mediante un identificador único dentro del archivo, entre comillas. Los valores de los datos se pueden establecer como **atributos** de la etiqueta o **dentro** de ella.

```
<myfirstelement>
   <mysecondelement>
      value
   </mysecondelement>
   <mythirdelement itsattribute=« value»/>
</myfistelement>
```

Observación

El formato distingue entre mayúsculas y minúsculas al definir etiquetas y atributos.

```
<?xml version="1.0" encoding="UTF-8"?>

<personas>
   <persona anio_de_nacimiento="1988"><nombre>Ángel
</nombre><apellido>Sánchez</ apellido ></persona>
   <persona anio_de_nacimiento ="1989"><nombre>María
</nombre><apellido>González-Aller</apellido</persona>
   <persona anio_de_nacimiento ="2010"><nombre>Mateo
</nombre><apellido>Sánchez</apellido></persona>
   <persona anio_de_nacimiento ="2007"><nombre>Manuel<
/nombre><apellido>Beardo</apellido></persona>
</personas>
```

El ejemplo anterior representa personas: cada persona tiene un año de nacimiento como atributo con un apellido y un nombre como subetiquetas. La primera línea indica simplemente que el archivo está formateado en XML.

2.2.3 JSON

Dado que XML es muy prolijo con sus identificadores de etiquetas y, por tanto, engorroso para enviar información de un programa a otro. Últimamente lo está sustituyendo un formato de archivo de texto: **JSON** por *JavaScript Object Notation*.

Observación

Aunque JSON aspira a sustituir a XML, el formato XML sigue siendo un estándar en informática y no quedará obsoleto en muchos años.

El principio de JSON es conservar la información de un archivo XML eliminando los identificadores en la medida de lo posible. Una lista se define mediante un par de corchetes, con sus elementos separados por comas. Esta lista sustituye a la primera etiqueta del archivo XML y a cada etiqueta que contenga subetiquetas. Cualquier otro tipo de información se da con el formato clave:valor, como en un diccionario. Los datos de cadena de caracteres también van entre comillas dobles, como en algoritmia.

Vamos a transformar nuestro archivo XML en JSON:

```
{
   persona : {
      anio_de_nacimiento : 1988 ,
      nombre : "Ángel " ,
      apellido : "Sánchez ",
   },
   persona : {
      anio_de_nacimiento : 1989,
      nombre : "María " ,
      apellido : "González-Aller",
   },
   persona : {
      anio_de_nacimiento : 2010,
      nombre : "Mateo" ,
      apellido : "Sánchez ",
   },
   persona : {
      anio_de_nacimiento : 2007,
      nombre : " Manuel " ,
      apellido : " Beardo ",
   }
}
```

El formato JSON puede parecer más complejo de entender que XML a primera vista, pero tenga por seguro que después de unas cuantas operaciones se sentirá cómodo con este formato, que se convertirá en algo natural.

Observación

Si quiere ir más allá con la persistencia de datos en un programa informático, le recomendamos que preste atención a las bases de datos y el lenguaje SQL con un libro como SQL, Los aspectos principales del lenguaje, escrito por Anne-Christine Bisson y publicado por Ediciones ENI. Las bases de datos son una tecnología que facilita el formateo de los datos mientras se almacenan en disco y, por último, pero no por ello menos importante, se pueden integrar fácilmente en sus programas.

3. Gestión de archivos

Para mejorar la simplicidad, en el resto de este capítulo solo manipularemos archivos de texto sin formato. Dejaremos que el lector estudie por su cuenta el manejo de otros tipos de formatos de archivos. De hecho, proporcionaremos los fundamentos necesarios para manejar cualquier tipo de archivo de texto.

También suponemos que el archivo que se manipula existe en el disco y está en el mismo directorio que el archivo del algoritmo.

3.1 Abrir y cerrar un archivo

Manipular un archivo significa utilizar un puntero, conocido como **cursor** para archivos. Un puntero implica gestionar su asignación y desasignación.

Este puntero es una variable `ARCHIVO`. Para asignarla, abriremos el archivo con la función `ABRIR-ARCHIVO` y para borrarlo, cerraremos el archivo con la función `CERRAR-ARCHIVO`.

La función ABRIR-ARCHIVO recibe dos argumentos:

- El **nombre** del archivo que se debe abrir.
- El **modo** de apertura:
  - escritura para escribir en el archivo empezando por la primera línea.
  - lectura para recuperar datos del archivo en forma de cadenas de caracteres.

```
VAR
   nombre_archivo : ARCHIVO

nombre_archivo <- ABRIR_ARCHIVO("nombre del archivo", "modo de
apertura ")
```

La función CERRAR recibe como argumento el archivo de tipo ARCHIVO que se va a cerrar.

```
CERRAR_ARCHIVO(nombre_archivo)
```

```
PROGRAMA Apertura_cierre_archivo
VAR
   nombre_archivo : ARCHIVO
   nombre_del_archivo : CADENA
INICIO
   ESCRIBIR("Escriba el nombre del archivo")
   nombre_del_archivo <- LEER()
   nombre_archivo <- ABRIR_ARCHIVO(nombre del archivo, "lectura")
   CERRAR_ARCHIVO(nombrc_archivo)
FIN
```

Si no cierra el archivo al final de un algoritmo o programa, dejará el cursor en su lugar en el archivo. Esto puede provocar errores graves: puede impedir que el archivo sea modificado por otro programa o usuario, por lo que su archivo dejará de estar actualizado. Un archivo abierto es aquel que no se puede borrar ni mover.

3.2 Leer un archivo

Una vez abierto el archivo, puede empezar a leerlo. Se lee **secuencialmente**: el algoritmo lee las líneas una tras otra.

Para leer una línea de un archivo, utilizaremos el procedimiento `LEER`, que toma como argumento de entrada el archivo de tipo `ARCHIVO` y como argumento de salida la línea leída de tipo `CADENA`.

```
LEER(nombre_archivo, linea)
```

Para poder navegar por un archivo, es necesario saber cuándo ha terminado. Este es el papel de la función `EOF(mi_archivo)` (por *End Of File*): esta función devuelve un buleano `VERDADERO` si estamos al final del archivo (el cursor en el archivo ya no apunta a ningún texto) o `FALSO` cuando todavía hay líneas en el archivo.

Configuremos el algoritmo para leer un archivo elegido por el usuario:

```
PROGRAMA Lectura_archivo
VAR
   nombre_archivo : ARCHIVO
   nombre_del_archivo : CADENA
   linea : CADENA
INICIO
   ESCRIBIR("Escriba el nombre del archivo")
   nombre_del_archivo <- LEER()
   nombre_archivo <- ABRIR_ARCHIVO(nombre del archivo, "lectura")
   MIENTRASQUE NO EOF(nombre_archivo)
   HACER
      LEER(nombre_archivo, linea)
      ESCRIBIR(linea)
   FINMIENTRASQUE
   CERRAR_ARCHIVO(nombre_archivo)
FIN
```

Como la función `EOF` devuelve un buleano, es perfectamente lógico utilizar una estructura iterativa `MIENTRASQUE` porque estamos comprobando la validez de una condición para leer un archivo. No podemos utilizar la estructura `REPETIR HASTA` porque al principio no sabemos si el archivo contiene texto o no.

3.3 Escribir en un archivo

También puedes almacenar información en un archivo escribiendo en él usando la función ESCRIBIR.

```
ESCRIBIR(archivo, linea)
```

La función ESCRIBIR recibe como argumentos el archivo de tipo ARCHIVO en el que se va a escribir y la línea de tipo CADENA que se va a escribir en el archivo. Por cada línea escrita, esta función añade un salto de línea al final, exactamente igual que en la pantalla de la consola.

Configuremos el algoritmo que escribe diez líneas en un archivo elegido por el usuario y luego las lee:

```
PROGRAMA Escritura_Lectura_archivo
VAR
   nombre_archivo : ARCHIVO
   nombre_del_archivo : CADENA
   linea : CADENA
   i : ENTERO
INICIO
   ESCRIBIR("Escriba el nombre del archivo")
   nombre_del_archivo <- LEER()
   nombre_archivo <- ABRIR_ARCHIVO(nombre_del_archivo, "escritura")
   PARA i DESDE 1 HASTA 10 CON INCREMENTO DE 1
   HACER
      ESCRIBIR("Escriba la linea, ", i)
      linea <- LEER()
      ESCRIBIR(nombre_archivo, linea)
   FINPARA
   CERRAR_ARCHIVO(nombre_archivo)

   nombre_archivo <- ABRIR_ARCHIVO(nombre_del_archivo, "lectura")
   MIENTRASQUE NO EOF(nombre_archivo)
   HACER
      LEER(nombre_archivo, linea)
      ESCRIBIR(linea)
   FINMIENTRASQUE
   CERRAR_ARCHIVO(nombre_archivo)
FIN
```

Podemos ver que para manipular un archivo en modo escritura y lectura en el mismo algoritmo, tenemos que abrirlo y cerrarlo dos veces, una para cada modo de acceso.

3.4 Ir más lejos

Manipular un archivo en el sentido de leerlo o escribirlo no es tan difícil, porque estas operaciones ya están implementadas. La dificultad en la gestión de archivos y la algoritmia proviene de navegar por la estructura en forma de árbol para encontrar el archivo correcto de un directorio determinado.

Para ello, tenemos que empezar por explorar todos los archivos del directorio, posteriormente todos los subdirectorios del directorio, después los subdirectorios de los subdirectorios, etc. Nuestra intuición nos dice que vamos a tener que utilizar un algoritmo recursivo para recorrer todo el directorio.

Implementemos este algoritmo para mostrar el contenido de un directorio y sus subdirectorios. Utilizamos el tipo de datos `REPETIR` para representar directorios con la operación `LISTAR`, que devuelve una tabla que contiene cada archivo del directorio. También disponemos de la operación `ES-ARCHIVO`, que nos indica si el archivo es un archivo individual o un directorio.

```
FUNCION recorrer_directorio( mi_directorio : DIRECTORIO)
VAR
   i, tamanio : ENTERO
   archivos : TAB[1 … tamanio]: ARCHIVO
INICIO
   LISTAR(mi_directorio, archivos, i)
   PARA i DESDE 1 HASTA tamanio CON INCREMENTO DE 1
   HACER
      SI SER_ARCHIVO(archivos[i])
      ENTONCES
         ESCRIBIR("Archivo: ", archivos[i])
      SINO
         ESCRIBIR("Sub-directorio : ", archivos[i])
         recorrer_directorio(archivo[i])
      FINSI
   FINPARA
FIN
```

4. Acceso a archivos con Python

4.1 Abrir y cerrar un archivo

Como en los algoritmos, si quiere manipular un archivo tiene que abrirlo. En Python, esto se hace con la función `open`.

```
nombre_archivo = open("nombre del archivo", "modo", "encoding")
```

El encoding es opcional y representa la codificación de los caracteres del archivo, por ejemplo UTF8.

El **modo** representa las posibles acciones sobre el archivo:

- Acceso de modo lectura: **r**.
- Acceso de modo escritura: **w**.
- Acceso de modo adición: **a**.

La diferencia entre el acceso en modo escritura y en modo adición es bastante implícita. Cuando se escribe, se hace desde el principio del archivo, aunque eso signifique borrar lo que ya hay en él. Cuando se añade, se mueve automáticamente al final del archivo para añadir información al final del archivo sin borrar nada del contenido.

Observación

A diferencia de la algoritmia, si el archivo no existe, Python lo creará durante la instrucción open, en modo escritura o adición. Abrir un archivo inexistente en modo Lectura provoca un error y el script termina.

Cuando manipula un archivo en Python, tiene que cerrarlo después de usarlo, para no causar ninguna inconsistencia o bloqueo en el archivo. Para hacer esto en Python, llame a la función `close` en la variable que representa el archivo.

```
nombre_archivo.close()
```

4.2 Leer un archivo

En Python, un archivo se puede leer utilizando tres funciones, donde todas ellas devuelven una cadena:

- Leer todo el archivo de una vez: `read()`.
- Leer una línea del archivo: `readline()`.
- Leer todas las líneas del archivo (devuelve una lista de cadenas): `readlines()`.

Vamos a ver un ejemplo de cómo se puede utilizar cada una de estas funciones.

4.2.1 read()

Con la función `read`, puede leer todo el texto del archivo en una sola instrucción, incluidos los saltos de línea.

```
name =  input("Escriba el nombre de su archivo ")
archivo = open(name,'r', encoding="UTF-8")
texto = archivo.read()
print(texto)
archivo.close()
```

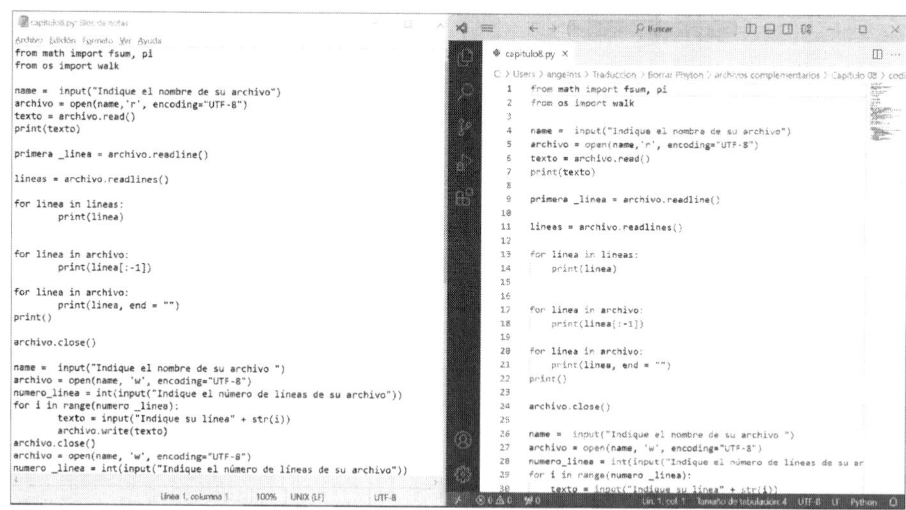

4.2.2 readline()

La función `readline` permite leer su archivo línea por línea.

```
name =  input("Indique el nombre de su archivo ")
archivo = open(name,'r', encoding="UTF-8")
primera_linea = archivo.readline()
archivo.close()
```

Tenga en cuenta que navegar por nuestro archivo de forma segura es complicado con esta función.

```
Indique el nombre de su archivo capitulo8.py
from match import fsum, pi
```

4.2.3 readlines()

La función `readlines` lee todas las líneas del archivo y las almacena en una lista de cadenas de caracteres.

```
name =  input("Indique el nombre de su archivo ")
archivo = open(name,'r', encoding="UTF-8")
lineas = archivo.readlines()

for linea in lineas :
   print(linea)

archivo.close()
```

```
Indique el nombre de su archivo capitulo8.py
from math import fsum, pi

from os import walk

name =  input("Indique el nombre de su archivo")

archivo = open(name,'r', encoding="UTF-8")

texto = archivo.read()

print(texto)


primera _linea = archivo.readline()



lineas = archivo.readlines()



for linea in lineas:

        print(linea)




for linea in archivo:

        print(linea[:-1])

for linea in archivo:

        print(linea, end = "")

print()


archivo.close()
```

4.2.4 for in

También puede utilizar la sentencia for in, que recorre cada línea del archivo. Este sigue siendo el método más sencillo en Python.

```
name =  input("Indique el nombre de su archivo ")
archivo = open(name,'r', encoding="UTF-8")

for linea in archivo :
   print(linea[:-1])

archivo.close()
```

Tenga en cuenta que cuando hacemos un recorrido por las líneas, cada línea del archivo que leemos termina con un salto de línea, por lo tanto, no se muestra su último carácter.

Una alternativa es eliminar el salto de línea de la función `print`:

```
name =  input("Indique el nombre de su archivo ")
archivo = open(name,'r', encoding="UTF-8")

for linea in archivo :
   print(linea, end = "")
print()

archivo.close()
```

4.3 Escribir en un archivo

En Python, puede escribir en un archivo utilizando dos funciones:

- Con una cadena como argumento: `write("texto")`.
- Con la función print, añadiendo el argumento opcional `file`: `print("mi texto", file=mi_archivo)`.

4.3.1 write(cadena)

La función `write` le dice al archivo que ha abierto Python qué cadena debe escribir en este archivo.

```
name =  input("Indique el nombre de su archivo ")
archivo = open(name, 'w', encoding="UTF-8")
numero_linea = int(input("Indique el número de líneas de su archivo "))
for i in range(numero_linea) :
   texto = input("Indique su linea " + str(i))
   archivo.write(texto)
archivo.close()
```

4.3.2 print()

Puede cambiar la salida por defecto de print para escribir en un archivo en lugar de en la consola, utilizando la opción `file`:

```
archivo = open(name, 'w', encoding="UTF-8")
numero_linea = int(input("Indique el número de líneas de su archivo "))
for i in range(numero_linea):
   texto = input("Indique su línea " + str(i))
   print(texto, file = archivo)
archivo.close()
```

Observación

Todas nuestras escrituras de archivos se sitúan en la primera línea, a riesgo de borrar lo que ya existe en el archivo. Si desea conversar el texto del archivo, es necesario utilizar el modo a para append.

4.4 Navegar por el árbol

4.4.1 Módulo

Un módulo de Python permite importar y utilizar funciones definidas en el módulo. Para utilizar estas funciones, es necesario importar el módulo.

```
import nombreModulo
```

```
from nombreModulo import laFoncion, laSegundaFuncion
```

El primer import importa todas las funciones definidas en el módulo. Para utilizarlas, deben ir precedidas del nombre del módulo seguido de un punto. El segundo importa solo las funciones enumeradas en la instrucción. Puede utilizarlas sin prefijarlas.

Las importaciones siempre deben ser las primeras instrucciones de su script.

Vamos a ilustrar los módulos con el módulo math, que contiene la función fsum para calcular la suma de una lista y la constante pi.

```
import math
mi_lista = [1, 2, 3, 4, 5]
suma = math.fsum(mi_lista)
print("la suma de la lista vale ", suma)
print("Pi vale", math.pi)
```

```
from math import fsum, pi
mi_lista = [1, 2, 3, 4, 5]
suma = fsum(mi_lista)
print("la suma de la lista vale", suma)
print("Pi vale", pi)
```

Observación

Un módulo de Python puede contener un gran número de instrucciones. Cuando se importa, el intérprete de Python lee todo el módulo. Por lo tanto, es aconsejable utilizar la segunda importación para evitar sobrecargar la memoria.

Observación

Este método también puede causar un conflicto de nombres con sus propias instrucciones. Por ejemplo, ha definido una función `sum` *y también utiliza la función* `sum` *de Math. Tiene dos opciones: renombrar su función o anteponer a la función del módulo el nombre del módulo.*

4.4.2 Uso de walk

Para manipular el árbol de archivos, Python ofrece el módulo `os`, que implementa todas las funciones necesarias para gestionar archivos y directorios en un disco.

Una de estas funciones es la función `walk`. Cuando se aplica a un directorio, recuperará todos los directorios, subdirectorios y archivos contenidos en el directorio que se pasa como argumento.

```
from os import walk
miDirectorio = input("Indique el directorio a recorrer ")
lista_archivos = []
lista_sub_directorios = []
for directorio_actual, sub_directorios,
archivos in walk(miDirectorio) :
   for archivo in archivos :
      lista_archivos.append(archivo)
   for sub_directorio in sub_directorios :
      lista_sub_directorios.append(sub_directorio)
print("Estos son los archivos")
for archivo in lista_archivos :
   print(archivo)
print("Estos son los sub-directorios")
for sub_directorio in lista_sub_directorios :
   print(sub_directorio)
```

5. Ejercicios

5.1 Ejercicio 1

Indique el algoritmo que genera automáticamente las tablas de multiplicar del 1 al 20 bien escritas en un archivo de texto. Codifique el script Python correspondiente.

5.2 Ejercicio 2

Indique el algoritmo que copia un archivo de texto cuyo nombre introduce el usuario en otro archivo de texto llamado "copia.txt". Codifique el script Python correspondiente.

5.3 Ejercicio 3

Indique el algoritmo que compara dos archivos de texto y muestra la primera diferencia. Codifique el script Python correspondiente.

5.4 Ejercicio 4

Indique el algoritmo que encuentra y muestra la línea más larga de un archivo de texto. Codifique el script Python correspondiente.

5.5 Ejercicio 5

Codifique el script de Python que sustituye todos los espacios de un archivo de texto por un espacio triple. Por ejemplo, "el gato" se convertirá en "el   gato".

5.6 Ejercicio 6

Codifique el script de Python que cuenta el número de ocurrencias de cada carácter en un archivo de texto utilizando un diccionario.

5.7 Ir más lejos

5.7.1 Ejercicio 7

Codifique el script Python que lista todos los archivos de un directorio cuyo introduceel usuario.

5.7.2 Ejercicio 8

Codifique el script Python que pide al usuario el nombre de un directorio para buscar si este directorio contiene un archivo o un directorio cuyo nombre también introduce el usuario.

Capítulo 9
Introducción al objeto

1. Preámbulo

El objetivo de este libro es enseñarle lógica de programación para que pueda programar sus primeros scripts en Python. Todo aprendizaje sobre desarrollo informático parte de lo que hemos visto hasta ahora: la programación imperativa o procedimental si lo prefiere.

Este estilo de programación está en la raíz de todos los demás, ya sea la programación funcional o la **programación orientada a objetos** (**POO** u *Object-Oriented Programming* en inglés), las dos grandes tendencias actuales en el desarrollo informático.

En el momento de escribir este libro, vemos cómo vuelve a cobrar protagonismo un estilo de programación: la programación funcional. Se trata de un estilo que se ha utilizado casi desde el nacimiento de la máquina y que ahora está empezando a implementarse en la mayoría de los lenguajes. La programación funcional moderna aún está en pañales y se utiliza más a menudo para procesar masas de datos, como en Big Data, por ejemplo, razón por la que no la introducimos en este libro.

La programación orientada a objetos acapara hoy fácilmente más del 80% del mercado del desarrollo informático. Surgió a principios de los 90 y supuso una auténtica revolución en la forma de modelar los datos en los programas.

Para que pueda continuar su aprendizaje con una base sólida, este capítulo proporciona una introducción a la programación orientada a objetos y sus aspectos principales.

Los lectores interesados en este tipo de programación pueden ampliar sus conocimientos y habilidades con libros como UML 2.5 y Design Patterns o Aprender la Programación Orientada a Objetos con el lenguaje Python, de la colección Recursos informáticos publicada por ENI.

2. La naturalidad del objeto

2.1 Introducción

La programación orientada a objetos se deriva del pensamiento humano. Es una técnica de programación de alto nivel que permite a los desarrolladores modelar sus datos como lo harían en la vida real.

Con esto queremos decir que este tipo de programación se inspira en objetos de la vida real. Consideremos un objeto sencillo como una botella de agua. Cada botella de agua tiene sus propias características especiales pero, al fin y al cabo, sigue siendo una botella de agua. En programación orientada a objetos, podemos traducir este ejemplo con una clase `BotellaAgua` que describa las **propiedades** de cada botella de agua: su capacidad y si es mineral y/o carbonatada. De esta manera, con esta clase podemos crear varias botellas de agua, nuestros **objetos**, que todas tendrán un valor determinado para su capacidad y tipo de agua.

En pocas palabras, piense en las clases como la evolución de las ESTRUCTURAS y en los objetos como la evolución de los REGISTROS. Las estructuras, como sucede con las clases, permiten vincular diferentes variables en un nuevo tipo de datos. Las clases también vinculan los procesos y las variables con las que se relacionan. Una estructura se instancia con un registro y una clase con un objeto.

La programación orientada a objetos va mucho más allá de una simple evolución de las ESTRUCTURAS, porque nos permite tener un **código mejor organizado**, es decir, organizado de forma más intuitiva para el ser humano, al mismo tiempo que **se factoriza la mayor cantidad de código posible**.

2.2 El objeto y la clase

La clase nos permite modelar nuestros datos en un algoritmo o programa con una nueva organización.

Agrupamos los campos de una estructura como **atributos** de la clase y las funciones y procedimientos que operan sobre estos campos, como **métodos** de la clase.

Puede pensar en la clase como un nuevo tipo de datos complejo que usted crea para satisfacer sus necesidades.

A partir de la clase, podemos crear un objeto. Se trata de la variable del tipo de la clase. No usamos la palabra variable para el objeto para diferenciarlo de las variables simples en nuestros algoritmos.

Volvamos a nuestro ejemplo de la botella de agua. Una clase se define mediante la palabra clave CLASE y las variables vinculadas a la clase mediante un bloque ATRIBUTO.

```
PROGRAMA Descubrir_clase_objeto
CLASE Botella
ATRIBUTO
INICIO
   contenido : ENTERO
   mineral : BULEANO
   conGas : BULEANO
FIN
INICIO
VAR
   miObjeto : Botella
INICIO
   // instanciación de nuestro objeto de tipo Botella
   // Creación del objeto instanciando sus atributos
   ESCRIBIR("Escriba cuál es el contenido de su botella de agua")
   miObjeto.contenido <- LEER()
   ESCRIBIR("¿Es mineral?")
```

```
    miObjeto.mineral <- LEER()
    ESCRIBIR("¿Tiene gas?")
    miObjeto.conGas <- LEER()
FIN
```

A los atributos de un objeto se accede del mismo modo que a las estructuras, es decir, utilizando el operador "." para nuestro ejemplo que está incompleto.

Observación

Para la programación orientada a objetos, utilizamos la convención de nomenclatura ***CamelCase****: las clases siempre empiezan con mayúscula y la separación de palabras en un identificador, también se representa con mayúscula.*

Tenga cuidado de no confundir clase y objeto: ***clase = tipo y objeto = variable****.*

Ahora vamos a transformar la estructura para nuestra lista de la compra.

```
ESTRUCTURA producto
INICIO
   nombre : CADENA
   cantidad : ENTERO
FINESTRUCTURA
```

Se convierte en:

```
CLASE Producto
ATRIBUTO
INICIO
   cantidad : ENTERO
   nombre : CADENA
FIN
```

Podemos ver que no hay diferencia significativa entre una ESTRUCTURA y una clase cuando se trata de modelar atributos. Sin embargo, las clases añaden procesamiento sobre sus atributos en su bloque de métodos.

2.3 Métodos

Una clase se puede utilizar para definir funciones y procedimientos que pertenecen a ella: los **métodos**.

Los métodos tienen la ventaja de conocer los atributos de la clase y poder manipularlos sin pasarlos como argumentos. Al estar incorporados en la clase, es responsabilidad del objeto llamarlos utilizando el operador ".".

Vamos a continuar con nuestra lista de compras en programación orientada a objetos añadiendo métodos a nuestros productos.

```
CLASE Producto
ATRIBUTO
INICIO
   cantidad : ENTERO
   nombre : CADENA
FIN
METODO
INICIO
   PROCEDIMIENTO disminuir_cantidad(E : cuanto : ENTERO)
   INICIO
      cantidad <- cantidad - cuanto
   FIN

   PROCEDIMIENTO producto_comprado()
   INICIO
      cantidad <- 0
   FIN
FIN
```

Ahora, para disminuir la cantidad de un producto, en lugar de cambiar su campo, vamos a llamar al método `disminuir_cantidad`:

```
mi_producto.disminuir_cantidad(2)
```

2.4 Visibilidad de atributos y métodos

Para proteger la llamada de ciertos métodos o la modificación de ciertos atributos, la programación orientada a objetos nos permite definir su **visibilidad**:

- PUBLICO: el atributo o método es accesible en todo el programa.
- PRIVADO: el atributo o método sólo es accesible por el objeto que instancie la clase (en términos sencillos, sólo accesible dentro de la clase).

Como resultado, cada clase podrá declarar dos bloques para los atributos, uno privado y otro público, y lo mismo para los métodos, como muestra la evolución de nuestra clase Producto.

```
CLASE Producto
ATRIBUTO PUBLICO
INICIO
   cantidad : ENTERO
FIN
ATRIBUTO PRIVADO
INICIO
   nombre : CADENA
FIN
METODO PUBLICO
INICIO
   PROCEDIMIENTO disminuir_cantidad(E : cuanto : ENTERO)
   INICIO
      cantidad <- cantidad - cuanto
   FIN
FIN
METODO PRIVADO
INICIO
   PROCEDIMIENTO producto_comprado()
   INICIO
      cantidad <- 0
   FIN
FIN
```

Esto significa que el método producto_comprado() no se puede llamar fuera de los subprogramas de la clase Producto. Tampoco se puede modificar el atributo nombre de la clase en el programa principal, sino que sólo se puede asignar en los métodos de la clase.

2.5 Visión general de UML

Nuestra clase `Producto` ilustra el hecho de que la declaración algorítmica de una clase no es rápidamente legible.

Para dar una visión de conjunto de una clase, se ha creado un lenguaje: el **UML** por *Unified Modeling Language*. Este lenguaje ofrece una serie de **diagramas** para representar todos los aspectos de un programa orientado a objetos.

A efectos de esta introducción, nos limitaremos al **diagrama de clases**.

Un diagrama de clases representa todas las clases del programa sin la implementación de los métodos de estas clases.

Clase
+ atributo1:tipo + atributo2:tipo - atributo3:tipo
+ sub-programa1(args):tipo de retorno -sub-programa(args) -sub-programa()

Un ejemplo de clase en UML

Una clase sólo está representada por su nombre, sus atributos y la **firma** de sus subprogramas, como se muestra en la figura anterior. La firma de un subprograma no es más que la primera línea de su declaración (nos detenemos justo antes del bloque `VAR`, o `INICIO` si el subprograma no tiene variables locales).

Para indicar la visibilidad, UML utiliza:

- el "**-**" de visibilidad privada;
- el "**+**" para la visibilidad pública.

En la clase que se ha mostrado en el diagrama anterior, los dos primeros atributos son públicos y el tercero privado. Esta clase sólo tiene un método público, el primero, y los dos últimos privados.

Para analizar un algoritmo o un programa existente, con esta representación esquemática, las clases se pueden leer más rápidamente, ya que su estructura algorítmica sólo se utiliza para leer la implementación de los métodos de la clase.

Para concluir esta sección, modelemos nuestra clase Producto utilizando el UML de la figura siguiente:

Producto
+ cantidad: ENTERO - nombre: CADENA
+ PROCEDIMIENTO disminuir_cantidad(E : cuanto : ENTERO) - PROCEDIMIENTO producto_comprado()

La clase Producto en UML

3. Trabajar con objetos

3.1 Introducción

Las primeras secciones de este capítulo han introducido los aspectos básicos de las clases y los objetos. Esta sección está dedicada a la manipulación de objetos, desde su creación hasta su destrucción en memoria.

Como el lector habrá adivinado, una clase es una estructura de datos más que compleja, por lo que un objeto será inevitablemente un puntero.

3.2 Instanciación y asignación de memoria

Para instanciar un objeto, utilizaremos el mismo operador que para los punteros: `NUEVO`. Sin embargo, lo que sigue a este operador será diferente: no será el nombre de la clase, sino el **constructor** de la clase.

3.2.1 Constructor

El constructor de una clase es un método **obligatorio** en la clase. Se utiliza para asignar la memoria del objeto que instancia la clase.

El constructor siempre tiene el **mismo nombre** que la clase y **no devuelve nada**. Puede recibir argumentos o no, dependiendo de nuestras necesidades.

Por convención, el constructor recibe como argumentos los valores que se asignarán a los atributos del objeto. En el caso de un constructor sin argumentos, que llamamos constructor por defecto, inicializa los atributos con valores por defecto, como su nombre indica.

El constructor se define mediante la palabra clave `CONSTRUCTOR` en primer lugar en el bloque de los métodos públicos.

Así que vamos a implementar un constructor en nuestra clase `Producto` para ilustrar este método específico.

```
CLASE Producto
ATRIBUTO PUBLICO
INICIO
   cantidad : ENTERO
FIN
ATRIBUTO PRIVADO
INICIO
   nombre : CADENA
FIN
METODO PUBLICO
INICIO
   CONSTRUCTOR Producto(name : CADENA, cuanto : ENTERO)
   INICIO
      nombre <- name
      cantidad <- cuanto
   FIN
   PROCEDIMIENTO disminuir_cantidad(E : cuanto : ENTERO)
   INICIO
      cantidad <- cantidad - cuanto
   FIN
FIN
METODO PRIVADO
INICIO
   PROCEDIMIENTO producto_comprado()
   INICIO
      cantidad <- 0
```

```
   FIN
FIN
PROGRAMA Constructor_ejemplo
VAR
   mi_producto : PRODUCTO
   nombre : CADENA
   cantidad : ENTERO
INICIO
   ESCRIBIR("Escribir el nombre de su producto)
   nombre <- LEER
   ESCRIBIR("Escribir la cantidad de su producto)
   cantidad <- LEER
   mi_producto <- NUEVO Producto(nombre, cantidad)
FIN
```

El constructor que hemos creado se utiliza para inicializar el nombre y la cantidad del producto cuando inicializamos nuestro objeto `mi_producto`.

También observamos que la estrella que precede al identificador del puntero ha desaparecido, porque un objeto es necesariamente un puntero cuya memoria se asigna cuando se llama al constructor.

3.2.2 Destructor

La asignación de memoria implica inevitablemente la liberación de memoria. Para liberar la memoria de un objeto, sobre todo si la clase declara atributos de tipo puntero, podemos definir de nuevo un método específico: el **destructor**.

El destructor se llama **automáticamente** cuando el objeto recibe el valor `NULL` para borrarlo de la memoria del programa.

El destructor se define utilizando la palabra clave `DESTRUCTOR` seguida de `~NombreDeLaClase` en el bloque público de métodos de la clase, justo después del constructor. A diferencia del constructor, es **opcional**.

Sólo necesitamos definir este método si nuestra clase tiene atributos de tipo puntero. Para los atributos que no sean de tipo puntero, la memoria se desasignará automáticamente.

Así que vamos a añadir un puntero a nuestra clase `Producto` para el atributo `nombre`.

```
CLASE Producto
ATRIBUTO PUBLICO
INICIO
   cantidad : ENTERO
FIN
ATRIBUTO PRIVADO
INICIO
   *nombre <- NULL : CADENA
FIN
METODO PUBLICO
INICIO
   CONSTRUCTOR Producto(name : CADENA, cuanto : ENTERO)
   INICIO
      nombre <- NUEVO CADENA
      *nombre <- name
      cantidad <- cuanto
   FIN
   DESTRUCTOR ~Producto()
   INICIO
      nombre <- NULL
   FIN

   PROCEDIMIENTO disminuir_cantidad(E : cuanto : ENTERO)
   INICIO
      cantidad <- cantidad - cuanto
   FIN
FIN
METODO PRIVADO
INICIO
   PROCEDIMIENTO producto_comprado()
   INICIO
      cantidad <- 0
   FIN
FIN
PROGRAMA Destructor_ejemplo
VAR
   mi_producto : PRODUCTO
   nombre : CADENA
   cantidad : ENTERO
INICIO
   ESCRIBIR("Escribir el nombre de su producto)
   nombre <- LEER
   ESCRIBIR("Escribir la cantidad de su producto)
```

```
    cantidad <- LEER
    mi_producto <- NUEVO Producto(nombre, cantidad)
    // Eliminamos nuestro objeto de la memoria
    mi_producto <- NULL
FIN
```

Sin el método destructor, el puntero nombre hubiera permanecido asignado, causando una pérdida de memoria. El destructor se llama automáticamente en la última instrucción cuando asignamos `NULL` a nuestro objeto. También podemos ver que el constructor se utiliza igualmente para asignar memoria para los atributos de la clase de tipo puntero.

3.3 Métodos de llamada

Nuestros objetos son implícitamente punteros, por lo que necesitamos utilizar el operador -> para acceder a los métodos y atributos públicos.

```
CLASE Producto
ATRIBUTO PUBLICO
INICIO
   cantidad : ENTERO
FIN
ATRIBUTO PRIVADO
INICIO
   *nombre <- NULL : CADENA
FIN
METODO PUBLICO
INICIO
   CONSTRUCTOR Producto(name : CADENA, cuanto : ENTERO)
   INICIO
      nombre <- NUEVO CADENA
      *nombre <- name
      cantidad <- cuanto
   FIN
   DESTRUCTOR ~Producto()
   INICIO
      nombre <- NULL
   FIN

   PROCEDIMIENTO disminuir_cantidad(E : cuanto : ENTERO)
   INICIO
      cantidad <- cantidad - cuanto
   FIN
FIN
```

```
METODO PRIVADO
INICIO
   PROCEDIMIENTO producto_comprado()
   INICIO
      cantidad <- 0
   FIN
FIN
PROGRAMA Llamada_metodo_ejemplo
VAR
   mi_producto : PRODUCTO
   nombre : CADENA
   cantidad : ENTERO
INICIO
   ESCRIBIR("Escribir el nombre de su producto)
   nombre <- LEER
   ESCRIBIR("Escribir la cantidad de su producto)
   cantidad <- LEER
   mi_producto <- NUEVO Producto(nombre, cantidad)
   // Llamamos al método disminuir_cantidad
   mi_producto->disminuir_cantidad(1)
   mi_producto <- NULL
FIN
```

Nuestro algoritmo para modelar nuestros productos en programación orientada a objetos ya está terminado y limpio.

Volvamos a nuestras listas y árboles, que son ejemplos perfectos para trabajar con clases.

3.3.1 Listas y composición/agregación

En el capítulo Pasar al modo confirmado, utilizamos estructuras de nodos y listas para definir nuestra lista enlazada simple:

```
ESTRUCTURA enlace
INICIO
   valor : tipo
   *siguiente <- NULL : enlace
FINESTRUCTURA

ESTRUCTURA lista
INICIO
   tamanio <- 0 : ENTERO
   *primero <- NULL : enlace
FINESTRUCTURA
```

Transpongamos estas estructuras a clases:

```
Clase Enlace
ATRIBUTO PUBLICO
INICIO
   valor : tipo
   siguiente : Enlace
FIN

Clase Lista
ATRIBUTO PUBLICO
INICIO
   primero : Enlace
FIN
ATRIBUTO PRIVADO
INICIO
   tamanio : ENTERO
FIN
```

Los campos de la estructura se convierten en atributos de la clase correspondiente a la estructura. Hemos optado por proteger únicamente el atributo tamanio de la clase `Lista`, dándole visibilidad privada. Parece lógico que sólo la lista pueda modificar su tamaño.

En nuestras clases, hay un enlace entre las clases `Lista` y `Enlace` y otro entre la clase `Enlace` y ella misma. Estos dos enlaces representan los dos posibles enlaces entre clases en UML:

- La **agregación**: el objeto contenido en otro puede vivir sin el objeto que lo contiene.
- La **composición**: cuando el objeto contenedor muere, el objeto contenido también muere automáticamente.

Un ejemplo de agregación en la vida cotidiana es la rueda de un coche. Cuando el coche deja de funcionar y se desguaza, la rueda se puede recuperar y reutilizar.

La composición se puede ilustrar con el cerebro de un ser humano. Cuando un ser humano muere, su cerebro muere con él.

Como se muestra en la figura siguiente, la agregación se modela mediante un rombo vacío y la composición mediante uno relleno. Los rombos están siempre en el lado de la clase que contiene a la otra clase. Con la representación de estos enlaces, ya no es necesario escribir los atributos `siguiente` y `primero` en la lista de atributos de clase en UML. Sin embargo, sigue siendo necesario declararlos en el algoritmo de la clase.

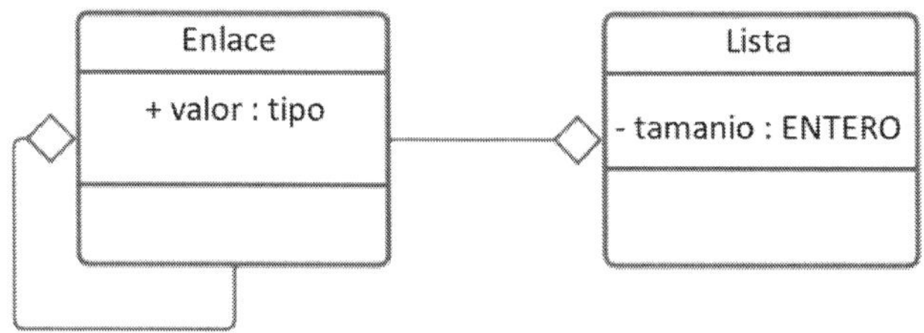

Primera representación de listas enlazadas simples en UML

Podemos manipular nuestras listas enlazadas simples añadiendo, insertando o eliminando un enlace de ellas. Las funciones y procedimientos correspondientes se convertirán ahora en métodos de la clase `Lista`. Observe que la clase `Nodo` no tiene más métodos que su constructor y su destructor, y esto es perfectamente aceptable en programación orientada a objetos.

Nuestro diagrama de clases que representa listas enlazadas simples, pasa a ser el que se muestra en la figura siguiente:

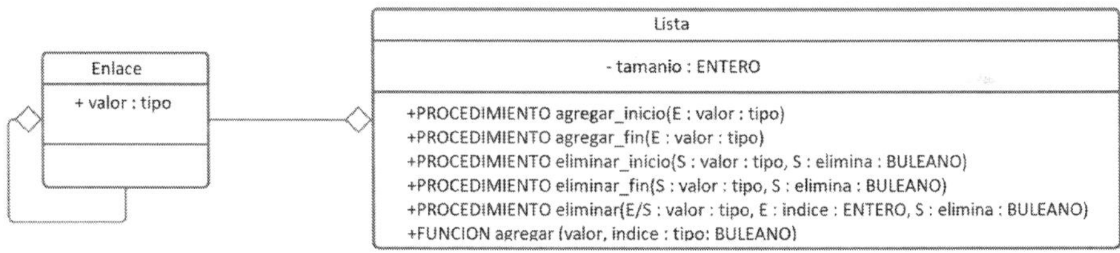

Diagrama de clases para listas enlazadas simples

```
Clase Enlace
ATRIBUTO PUBLICO
INICIO
   valor : tipo
   siguiente: Enlace
FIN
```

```
METODO PUBLICO
INICIO
   CONSTRUCTOR Enlace(v : tipo)
   INICIO
      valor <- v
      siguiente <- NULL
   FIN
   DESTRUCTOR ~Enlace()
   INICIO
      siguiente <- NULL
   FIN
FIN

Clase Lista
ATRIBUTO PUBLICO
INICIO
   primero : Enlace
FIN
ATRIBUTO PRIVADO
INICIO
   tamanio : ENTERO
FIN
METODO PUBLICO
INICIO
CONSTRUCTOR Lista()
   INICIO
      primero <- NULL
      tamanio <- 0
   FIN
   DESTRUCTOR ~Lista()
   VAR
      enlace_actual, enlace : ENLACE
      SI primero ≠ NULL
      ENTONCES
         enlace_actual <- primero
         enlace_actual ≠ NULL
         HACER
            enlace <- enlace_actual->siguiente
            enlace <- NULL
            enlace_actual <- enlace_actual->siguiente
         FINMIENTRASQUE
      FINSI
   FIN
   PROCEDIMIENTO agregar_inicio(E : valor : tipo)
   INICIO
      ...
   FIN
   PROCEDIMIENTO agregar_fin(E : valor : tipo)
```

```
    INICIO
        ...
    FIN
    PROCEDIMIENTO eliminar_inicio(S : valor : tipo, S : elimina : BULEANO)
    INICIO
        ...
    FIN
    PROCEDIMIENTO eliminar_fin(S : valor : tipo, S : elimina : BULEANO)
    INICIO
        ...
    FIN
    PROCEDIMIENTO eliminar(E/S : valor : tipo, E : indice : ENTERO,
S : elimina : BULEANO)
    INICIO
        ...
    FIN
    FUNCION insertar(valor: tipo, indice : ENTERO) : BULEANO
    INICIO
    VAR
        inserta <- FALSO : BULEANO
        *enlace_anterior : Enlace
        *enlace_nuevo : Enlace
        i : ENTERO
    INICIO
        SI indice > 0 Y tamanio <= indice Y primero ≠ NULL
        ENTONCES
            enlace <- primero
            PARA i DESDE 2 HASTA indice CON INCREMENTO DE 1
            HACER
                enlace_anterior <- enlace.siguiente
            FINPARA
            enlace_nuevo <- NUEVO Enlace
            enlace_nuevo-> valor <- valor
            enlace_nuevo->siguiente <- enlace_anterior->siguiente
            enlace_anterior->siguiente <- enlace_nuevo
            inserta <- VERDADERO
        FINSI
    FIN
FIN
    lista.tamanio <- lista.tamanio - 1

        DEVOLVER(inserta)
    FIN
FIN
```

Los atributos se inicializan ahora en los constructores en lugar de cuando se declaran, que es la convención en la programación orientada a objetos.

El destructor de la clase `Lista` va a recorrer la lista desasignando cada enlace, lo que había que hacer manualmente en cada algoritmo utilizando la estructura de lista antes de que el algoritmo se detuviera. Con este método, vemos la primera ventaja del modelado en una clase.

Los métodos de la clase `Lista` reducen el número de argumentos de la lista, ya que tienen acceso directo a la lista, a su primer enlace y a su tamaño. Esto nos permite transformar el procedimiento de inserción en una función que devuelve un buleano que indica si ha sido posible realizar la inserción. Por tanto, este método es más fácil de gestionar que el antiguo procedimiento.

3.3.2 Árboles binarios orientados a objetos

También podemos transponer nuestro árbol binario a la programación orientada a objetos como se muestra en la siguiente figura, que representa el diagrama de clases para este tipo de datos complejo:

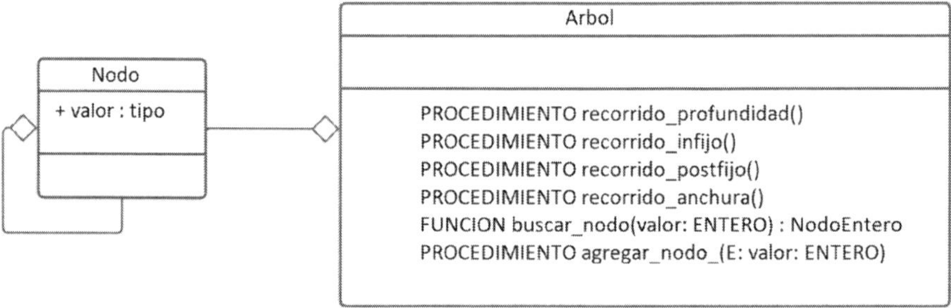

Diagrama de clases para árboles binarios

Como recordatorio, aquí están las estructuras que hemos utilizado en el capítulo Pasar al modo confirmado, para definir un árbol binario de enteros.

```
ESTRUCTURA nodo_entero
INICIO
   *nodo_izquierdo <- NULL : enlace
   *nodo_derecho  <- NULL : enlace
   valor : ENTERO
FINESTRUCTURA
ESTRUCTURA arbol_binario_entero
INICIO
   *raiz <- NULL : nodo_entero
FINESTRUCTURA
```

Estas dos estructuras se pueden traducir utilizando las siguientes clases:

```
Clase NodoEntero
ATRIBUTO PUBLICO
INICIO
   nodo_izquierdo : NodoEntero
   nodo_derecho  : NodoEntero
   valor : ENTERO
FIN
METODO PUBLICO
INICIO
   CONSTRUCTOR NodoEntero(v: valor)
   INICIO
      valor <- v
      nodo_izquierdo <- NULL
      nodo_derecho <- NULL
   FIN
   DESTRUCTOR ~NodoEntero()
   INICIO
      nodo_izquierdo <- NULL
      nodo_derecho  <- NULL
   FIN
FIN

Clase ArbolBinarioEntero
ATRIBUTO PUBLICO
INICIO
   Raiz : NodoEntero
FIN
METODO PUBLICO
INICIO
   CONSTRUCTOR ArbolBinarioEntero()
   INICIO
      raiz <- NULL
   FIN
   DESTRUCTOR ~ArbolBinarioEntero()
   VAR
      arbol_temporal : ArbolBinarioEntero
   INICIO
      SI arbol.raiz ≠ NULL
      ENTONCES
         arbol_temporal.raiz <- raiz
   recorrido_profundidad_arbol_binario(arbol_temporal.
raiz->nodo_izquierdo)
      recorrido_profundidad_arbol_binario(arbol_temporal.
raiz->nodo_izquierdo)
```

```
        raiz <- NULL
        FINSI
FIN
    PROCEDIMIENTO recorrido_profundidad()
    INICIO
        ...
    FIN
    PROCEDIMIENTO recorrido_infijo ()
    INICIO
        ...
    FIN
    PROCEDIMIENTO recorrido_postfijo ()
    INICIO
        ...
    FIN
    PROCEDIMIENTO recorrido_anchura ()
    INICIO
        ...
    FIN
    FUNCION buscar_nodo(valor : ENTERO) : NodoEntero
    INICIO
        ...
    FIN
    PROCEDIMIENTO agregar_nodo(E : valor : ENTERO)
    INICIO
        ...
    FIN
FIN
```

La lógica sigue siendo la misma que para las listas enlazadas simples. Los métodos aligeran los argumentos y por tanto su código y el destructor, restaura la memoria limpiamente.

3.4 Herencia simple

Además de reorganizar los datos y los vínculos entre ellos, la programación orientada a objetos aligera aún más los algoritmos y programas gracias a la herencia.

Para evitar copiar y pegar los mismos atributos y métodos de una clase en otra, podemos hacer que esta clase hija herede de una clase padre. De esta forma, la clase hija tendrá todos los atributos y métodos de su clase padre. Sin embargo, la clase hija sólo tendrá acceso a los atributos y métodos públicos de su padre, porque no es su clase padre, sólo hereda de ella.

Observación

También llamamos superclase a la clase padre y subclase a la clase hija. Los desarrolladores utilizan ambos nombres y tienen el mismo significado: el vínculo de herencia entre clases.

Vamos a ilustrar esta herencia con un ejemplo sencillo: los animales. Todo animal puede ser herbívoro, carnívoro u omnívoro. Sea cual sea su tipo de alimentación, un animal sigue siendo un animal. Así que la clase padre será `Animal`, con tres clases hijas: `Herbivoro`, `Carnivoro` y `Omnivoro`.

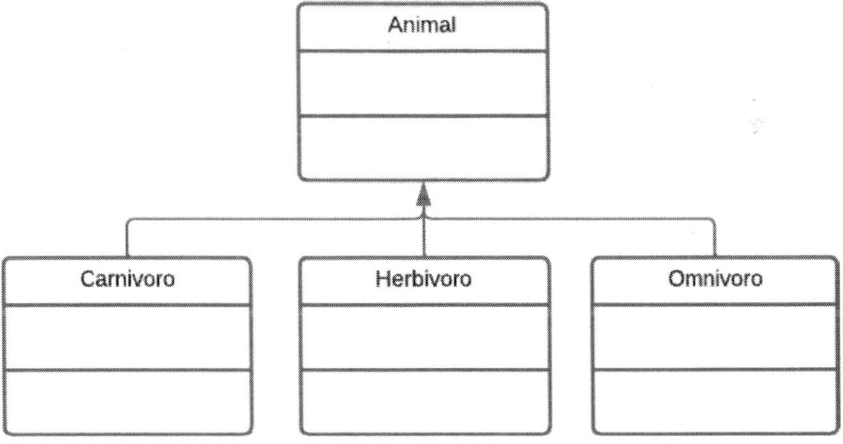

Diagrama de clases para heredar la clase Animal

Como se ilustra en la figura anterior, el vínculo de herencia entre dos clases es una flecha que apunta a la clase padre.

El diagrama de clases de la figura anterior se puede traducir mediante el siguiente algoritmo, en el que utilizamos las palabras clave `HEREDA DE` para indicar el vínculo de herencia al declarar la clase hija:

```
Clase Animal
ATRIBUTO PUBLICO
INICIO
   ...
FIN
METODO PUBLICO
INICIO
   ...
FIN
Clase Carnivoro HEREDA DE Animal
ATRIBUTO PUBLICO
INICIO
   ...
FIN
METODO PUBLICO
INICIO
   ...
FIN
Clase Herbivoro HEREDA DE Animal
ATRIBUTO PUBLICO
INICIO
   ...
FIN
METODO PUBLICO
INICIO
   ...
FIN
Clase Omnivoro HEREDA DE Animal
ATRIBUTO PUBLICO
INICIO
   ...
FIN
METODO PUBLICO
INICIO
   ...
FIN
```

Volvamos a nuestras listas y, en particular, a nuestras listas encadenadas dobles. Los enlaces de estas listas sólo tienen un atributo de tipo enlace adicional para ir al enlace anterior. Por lo tanto, los dos tipos de `enlace` se heredan, como se muestra en el diagrama de clases siguiente:

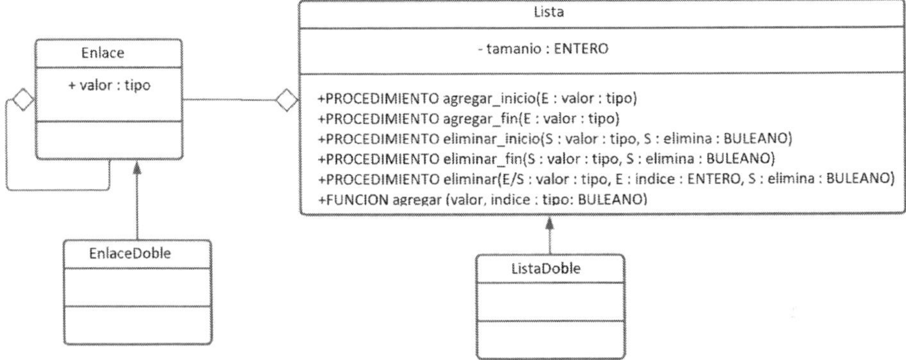

Diagrama de clases para listas con herencia

El enlace de una lista encadenada doble tiene dos enlaces: el enlace siguiente, como en el enlace de una lista enlazada simple, al que añade un enlace al anterior.

```
Clase Enlace
ATRIBUTO PUBLICO
INICIO
   valor : tipo
   siguiente: Enlace
FIN
METODO PUBLICO
INICIO
   CONSTRUCTOR Enlace(v : tipo)
   INICIO
      valor <- v
      siguiente <- NULL
   FIN
   DESTRUCTOR ~Enlace()
   INICIO
      siguiente <- NULL
   FIN
FIN
Clase EnlaceDoble HEREDA DE Enlace
```

```
ATRIBUTO PUBLICO
INICIO
   anterior : EnlaceDoble
FIN
METODO PUBLICO
INICIO
   CONSTRUCTOR EnlaceDoble(v : tipo)
   INICIO
      Enlace(v)
      anterior <- NULL
   FIN
   DESTRUCTOR ~EnlaceDoble()
   INICIO
      ~Enlace()
      anterior <- NULL
   FIN
FIN
```

Gracias a la herencia, podemos utilizar los métodos de la clase padre `Enlace` en la clase hija `EnlaceDoble`, por lo que no tenemos que reescribir las mismas instrucciones (evitando así copiar/pegar innecesariamente). Esta factorización del código se puede ver en tres lugares de la clase `EnlaceDoble`:

- Los atributos `valor` y `anterior` se heredan de la clase `Enlace`.
- El constructor llama al constructor de la clase `Enlace` para asignar el siguiente enlace.
- El destructor llama a la clase `Enlace` para desasignar el siguiente enlace.

Cuando lea la clase `EnlaceDoble`, puede que le intrigue el atributo siguiente, que sigue siendo de tipo `Enlace`, lo que no parece lógico. Y, sin embargo, pero lo es. En la próxima sección, veremos que este tipado no plantea ningún problema con la programación orientada a objetos.

4. Ir más lejos

4.1 Polimorfismo

Polimorfismo es una gran palabra para describir el comportamiento perfectamente lógico de la herencia en la programación orientada a objetos. Amplía el vínculo entre una clase padre y sus clases hijas, tanto en términos de instanciación como de implementación de métodos.

4.1.1 Objeto

Gracias al polimorfismo, un objeto de tipo de la clase padre puede llamar al constructor de una de sus clases hijas. Como recordatorio, puede utilizar la siguiente técnica mnemotécnica: una madre puede estar embarazada de una hija y, por tanto, contenerla, pero una hija no puede estar embarazada de su madre.

Así que podemos hacer que nuestra clase `EnlaceDoble` sea adecuada:

```
Clase Enlace
ATRIBUTO PUBLICO
INICIO
   valor : tipo
   siguiente: Enlace
FIN
METODO PUBLICO
INICIO
   CONSTRUCTOR Enlace(v : tipo)
   INICIO
      valor <- v
      siguiente <- NULL
   FIN
   DESTRUCTOR ~Enlace()
   INICIO
      siguiente <- NULL
   FIN
FIN
Clase EnlaceDoble HEREDA DE Enlace
ATRIBUTO PUBLICO
INICIO
   anterior : EnlaceDoble
```

```
FIN
METODO PUBLICO
INICIO
   CONSTRUCTOR EnlaceDoble(v : tipo)
   INICIO
      Enlace(v)
      anterior <- NULL
   FIN
   DESTRUCTOR ~EnlaceDoble()
   INICIO
      ~Enlace()
      anterior <- NULL
   FIN
   PROCEDIMIENTO instanciar_siguiente()
   INICIO
      siguiente <- NUEVO EnlaceDoble(1)
   FIN
FIN
```

En el método `instanciar_siguiente`, asignamos el objeto con el constructor de la clase `EnlaceDoble`. Como el constructor de la clase `EnlaceDoble` necesita un valor como argumento, estamos obligados a proporcionarle uno en esta instanciación, lo que al final no tiene sentido, ya que el atributo `siguiente` no necesita un valor cuando se crea.

4.1.2 Sobrecarga de métodos

Para evitar la inicialización no lógica del atributo siguiente en la clase `EnlaceDoble`, podemos utilizar el principio de **sobrecarga de métodos** en la programación orientada a objetos.

Varios métodos de una misma clase **pueden tener el mismo nombre, siempre que no tengan la misma firma**, es decir, la misma lista de argumentos.

Sólo el destructor de una clase no se puede sobrecargar, pero el resto de métodos, incluido el constructor, sí pueden. Esto se debe a que el destructor sólo tiene una firma posible, ya que está prohibido que reciba argumentos.

Este principio nos permite añadir un nuevo constructor por defecto a la clase `EnlaceDoble` para resolver nuestro aspecto no lógico.

```
Clase Enlace
ATRIBUTO PUBLICO
INICIO
   valor : tipo
   siguiente: Enlace
FIN
METODO PUBLICO
INICIO
   CONSTRUCTOR Enlace(v : tipo)
   INICIO
      valor <- v
      siguiente <- NULL
   FIN
   DESTRUCTOR ~Enlace()
   INICIO
      siguiente <- NULL
   FIN
FIN
Clase EnlaceDoble HEREDA DE Enlace
ATRIBUTO PUBLICO
INICIO
   anterior : EnlaceDoble
FIN
METODO PUBLICO
INICIO
CONSTRUCTOR EnlaceDoble(v : tipo)
   INICIO
      Enlace(v)
      anterior <- NULL
   FIN
   CONSTRUCTOR EnlaceDoble()
   INICIO
      siguiente <- NULL
      anterior <- NULL
FIN
   DESTRUCTOR ~EnlaceDoble()
   INICIO
      ~Enlace()
      anterior <- NULL
   FIN
   PROCEDIMIENTO instanciar_siguiente()
   INICIO
      siguiente <- NUEVO EnlaceDoble()
```

```
   FIN
FIN
```

4.1.3 Reescritura de métodos

El polimorfismo también permite a una clase hija **reescribir** la implementación de los métodos de su clase padre, sin cambiar su firma.

Vamos a ver este nuevo principio con la herencia entre nuestra clase `Lista` y nuestra clase `DobleLista`.

```
Clase Lista
ATRIBUTO PUBLICO
INICIO
   primero : Enlace
FIN
ATRIBUTO PRIVADO
INICIO
   tamanio : ENTERO
FIN
METODO PUBLICO
INICIO
CONSTRUCTOR Lista()
   INICIO
      primero <- NULL
      tamanio <- 0
   FIN
   DESTRUCTOR ~Lista()
   VAR
      enlace_actual, enlace : ENLACE
   INICIO
      SI primero ≠ NULL
      ENTONCES
         enlace_actual <- primero
         MIENTRASQUE enlace_actual ≠ NULL
         HACER
            enlace <- enlace_actual->siguiente
            enlace <- NULL
            enlace_actual <- enlace_actual->siguiente
         FINMIENTRASQUE
      FINSI
   FIN
   PROCEDIMIENTO agregar_inicio(E : valor : tipo)
   INICIO
      ...
   FIN
   PROCEDIMIENTO agregar_fin(E : valor : tipo)
   INICIO
```

```
      ...
   FIN
   PROCEDIMIENTO eliminar_inicio(S : valor : tipo, S : elimina : BULEANO)
   INICIO
      ...
   FIN
   PROCEDIMIENTO eliminar_fin(S : valor : tipo, S : elimina : BULEANO)
   INICIO
      ...
   FIN
   PROCEDIMIENTO eliminar_inicio(E/S : valor : tipo, S : elimina : BULEANO)
   INICIO
      ...
   FIN
   FUNCION insertar(valor: tipo, indice : ENTERO) : BULEANO
   INICIO
   VAR
      inserta <- FALSO : BULEANO
      *enlace_anterior : Enlace
      *enlace_nuevo : Enlace
      i : ENTERO
   INICIO
      SI indice > 0 Y tamanio <= indice Y primero ≠ NULL
      ENTONCES
         enlace <- primero
         PARA i DESDE 2 HASTA indice CON INCREMENTO DE 1
         HACER
            enlace_anterior <- enlace.siguiente
         FINPARA
         enlace_nuevo <- NUEVO Enlace
         enlace_nuevo-> valor <- valor
         enlace_nuevo->siguiente <- enlace_anterior->siguiente
         enlace_anterior->siguiente <- enlace_nuevo
         inserta <- VERDADERO
      FINSI
   FIN
FIN
   lista.tamanio <- lista.tamanio - 1

        DEVOLVER(inserta)
   FIN
FIN

Clase ListaDoble HEREDA DE Lista
METODO PUBLICO
INICIO
CONSTRUCTOR ListaDoble()
   INICIO
      Lista()
```

```
      FIN
      DESTRUCTOR ~ListaDoble()
         ~ListaDoble
      FIN
      PROCEDIMIENTO agregar_inicio(E : valor : tipo)
      VAR
         *enlace : EnlaceDoble
      INICIO
         SI primero = NULL
         ENTONCES
            enlace <- NUEVO EnlaceDoble(valor)
            primero <- enlace
         SINO
            enlace <- NUEVO EnlaceDoble(valor)
            enlace->siguiente <- primero
            primero->anterior <- enlace
            primero <- enlace
         FINSI
      FIN
      PROCEDIMIENTO agregar_fin(E : valor : tipo)
      INICIO
         ...
      FIN
      PROCEDIMIENTO eliminar_inicio(S : valor : tipo, S : elimina : BULEANO)
      INICIO
         ...
      FIN
      PROCEDIMIENTO eliminar_fin(S : valor : tipo, S : elimina : BULEANO)
      INICIO
         ...
      FIN
      PROCEDIMIENTO eliminar_inicio(E/S : valor : tipo, S : elimina : BULEANO)
      INICIO
         ...
      FIN
         FUNCION insertar(valor: tipo, indice : ENTERO) : BULEANO
      INICIO
         ...
      FIN
   FIN
```

La ventaja de reescribir métodos es que no necesitamos cambiar la firma de los métodos en la clase hija, por lo que podemos mantener su significado original. Para ilustrar este principio, acabamos de reescribir el método agregar_inicio de la lista enlazada simple en la clase `DobleLista`. Dado que los enlaces son de tipo `EnlaceDoble` en esta clase, es necesario reescribir todos los métodos de la clase `Lista` para garantizar la gestión enlazada doble de esta lista.

4.2 Herencia múltiple

La mayoría de los lenguajes de programación orientados a objetos sólo permiten la herencia simple: una clase hija sólo puede heredar de una única clase padre.

Sin embargo, varios lenguajes, como C++ y Python, implementan la posibilidad de que una clase hija herede de varias clases padre, lo que se denomina **herencia múltiple**.

En nuestro ejemplo anterior de herencia con la clase Animal, podemos ver que los animales omnívoros son, de hecho, animales herbívoros y carnívoros al mismo tiempo. En efecto, se trata de una herencia múltiple, como se muestra en el siguiente diagrama de clases.

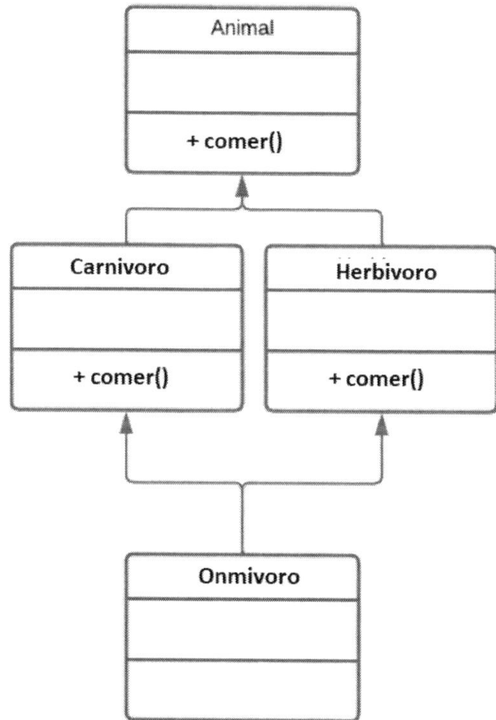

Diagrama de clases de herencia múltiple en rombo

La herencia múltiple puede ser compleja de gestionar en términos de polimorfismo, particularmente en términos de reescritura de métodos. Si la clase `Animal` define un método `comer()` y sus dos hijas, `Carnivoro` y `Herbivoro`, lo reescriben, ¿qué ocurre si una instanciación de la clase `Omnivoro` llama a este método `comer()` sin redefinirlo?

¿Se llamará a la clase `Carnivoro` o a la clase `Herbivoro`? No podemos adivinarlo, y el ordenador tampoco.

En este tipo específico de herencia múltiple, llamada herencia en rombo, necesitamos redefinir el método `comer()` en la clase `Omnivoro` para decirle si la máquina debe llamar al método definido en la clase `Herbivoro` o al método definido en la clase `Carnivoro` o a ambos, o incluso a una nueva implementación.

La herencia múltiple no se desarrollará más en este libro, ya que sólo estamos introduciendo los aspectos principales de la programación orientada a objetos. Como se indicó en la primera sección, los lectores que deseen profundizar en sus conocimientos y habilidades, pueden consultar libros como UML 2.5 y Patrones de Diseño o Apprender la Programación Orientada a Objetos con el lenguaje Python de la colección Recursos informáticos publicada por Ediciones ENI.

5. Objetos en Python

5.1 Objeto y clase en Python

La programación orientada a objetos se implementa en el lenguaje Python. Las clases se definen utilizando la palabra clave `class`. Para un código limpio, le pedimos que cree **un archivo para cada clase, y un archivo para la parte main** de nuestro programa.

```
# archivo punto.py
class Punto :
   pass

# archivo main.py
from punto import Punto
```

```
mi_punto...
```

Así que creamos una clase `Punto` en un archivo *punto*.py que importamos al archivo que contiene el `main`, el archivo *main.py*.

Para facilitar la importación de nuestras clases, todos los archivos de script deben estar en el mismo directorio.

Los atributos de una clase Python no se pueden declarar sin inicializarse, debido al tipado dinámico del lenguaje. Debido a la sintaxis del lenguaje, los atributos sólo se pueden declarar en los métodos de la clase. Veamos cómo declarar los métodos de una clase para poder declarar sus atributos.

5.2 Uso del self para los métodos

En Python, para diferenciar una función de un método, necesitamos colocar la palabra clave self en el primer argumento del método, que siempre está definido por la palabra clave `def`. Esta palabra clave indica que el método está unido a la clase, donde `self` se traduce por 'sí mismo'.

Para llamar a un método, utilizamos el operador "." del objeto instanciado.

Cuando se llama a un método, la palabra clave `self` desaparece de la lista de argumentos, por lo que sólo es obligatoria cuando se define un método.

El constructor es un método especial que se debe llamar `__init__(self, arg1, arg2...)` donde los argumentos o el `self`, son opcionales.

Para llamar al constructor e instanciar un objeto, basta con llamar al nombre de la clase seguido de la lista de argumentos del constructor (se debe utilizar un par de corchetes vacíos si el constructor sólo se define con `self`).

Declaramos e inicializamos los atributos de la clase en su constructor. Para distinguir una variable de un atributo, un atributo siempre tiene la forma self.identificador. Además de esta restricción, un atributo se puede manipular de la misma manera que una variable o un objeto.

```
# archivo punto.py
class Punto :
   def __init__(self, x, y):
      # Initialización y declaración de los atributos
```

```
        self.x = x
        self.y = y
    def mostrar(self) :
        print("Punto :", self.x, "-", self.y)
    def cambiarCoordenadas(self, nuevox, nuevoy) :
        self.x = nuevox
        self.y = nuevoy

# archivo main.py
from punto import Punto
punto = Punto(4,3)
punto.mostrar()      # muestra en consola Punto :4 - 3
punto.cambiarCoordenadas(1,2)
punto.mostrar()      # muestra en consola Punto :1 - 2
```

Como Python maneja la asignación de memoria de punteros automáticamente, no necesitamos definir el destructor de nuestras clases. Sin embargo, podemos hacerlo implementando el método `__del__(self)`, si es necesario.

```
# archivo punto.py
class Punto :
    def __init__(self, x, y):
        self.x = x
        self.y = y
    def __del__(self):
        print("el punto muerto")
    def mostrar(self) :
        print("Punto :", self.x, "-", self.y)
    def cambiarCoordenadas(self, nuevox, nuevoy) :
        self.x = nuevox
        self.y = nuevoy

# archivo main.py
from punto import Punto
punto = Punto(4,3)
```

Cuando ejecutamos este script, el intérprete de Python vacía **automáticamente** la memoria al final de la ejecución. Por lo tanto, necesitamos mostrar el `print` del destructor en la última línea de la consola: "el punto muere".

5.3 Agregación y composición

Para implementar una relación de composición en Python, necesitamos pasar como argumentos del constructor de la clase maestra, los argumentos del constructor de la clase instanciada. Esto nos da una clase `Figura` que contiene un punto de nuestra clase `Punto` anterior:

```
# composición
form punto import Punto
```

```
class Figura :
   def __init__(self, x, y) :
      self.punto = Punto(x, y)
```

Al instanciar la clase `Punto` en el constructor de la clase `Figura`, el objeto punto se desasignará al mismo tiempo que el objeto de la clase `Figura` que lo contiene.

Para una relación de agregación, necesitamos pasar como argumento de la clase contenedora, un objeto de la clase contenida.

```
# agregación
form punto import Punto

class Figura :
   def __init__(self, punto) :
      self.punto = punto
```

Con esta instanciación de la clase `Punto`, nuestro objeto punto no muere al mismo tiempo que nuestro objeto que instancia la clase `Figura`. Se asigna fuera de la clase, por lo que puede seguir viviendo sin ningún objeto que instancia la clase `Figura`.

5.4 Herencia simple y polimorfismo

Para introducir la herencia simple en Python, utilizaremos una clase `Rectangulo` y una clase `Cuadrado`.

Un rectángulo tiene anchura y longitud. Se puede visualizar y calcular su área y su perímetro. Un cuadrado es un rectángulo particular con el mismo valor para su anchura y longitud. Por lo tanto, el cuadrado hereda del rectángulo, como se muestra en el siguiente diagrama de clases.

En Python, la herencia se declara cuando se declara la clase hija, utilizando un par de **paréntesis**:

```
class Hija(Padre) :
   ...
```

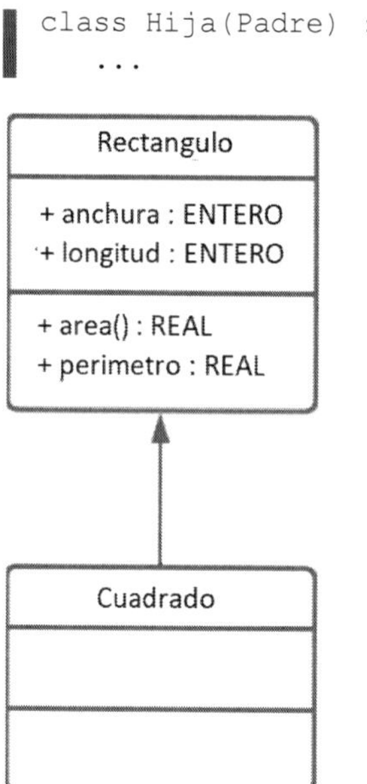

Diagrama de clases para heredar un rectángulo

```
# archivo rectangulo.py
class Rectangulo :
   def __init__(self, anchura, longitud) :
      self.anchura = anchura
      self.longitud = longitud
   def perimetro(self) :
```

```
        return 2 * (self.anchura + self.longitud)
    def area(self) :
        return self.anchura * self.longitud
    # Permite mostrar un objeto en el print de Python
    def __str__(self) :
        return "Rectángulo de anchura "+ str(self.anchura) + " y de
longitud " + str(self.longitud)

# archivo cuadrado.py
from rectangulo import Rectangulo
class Cuadrado(Rectangulo) :
    def __init__(self, anchura) :
        Rectangulo.__init__(self, anchura, anchura)
    def __str__(self) :
        return "Cuadrado de lado "+ str(self.anchura) + "y área " +
str(self.area())

# archivo main.py
from rectangulo import Rectangulo
from cuadrado import Cuadrado
if __name__ == '__main__':
    miRectangulo = Rectangulo(2,8)
    print(miRectangulo)
    print("Área del rectangulo :", miRectangulo.area())    # 16
    print("Périmetro del rectangulo :", miRectangulo.perimetro()) # 20
    miCuadrado = Cuadrado(3)
    print(miCuadrado)
    print("Área del cuadrado:", miCuadrado.area())    # 9
    print("Perímetro del cuadrado:", miCuadrado.perimetro()) # 12e
```

En este script, usamos una sutileza de Python para mostrar un objeto usando la función nativa de Python: reescribimos el método `__str__(self)`. El intérprete llama automáticamente a este método cuando una sentencia print recibe un objeto como argumento.

Este método también ilustra el polimorfismo en Python cambiando la visualización de la clase `Cuadrado`.

Tenga en cuenta que para que una clase hija llame a un método definido en su clase padre, el método debe ir precedido de `self`, como en este caso para la visualización de un cuadrado que también muestra su área.

5.5 Ir más lejos

5.5.1 Visibilidad privada

Por convención, Python requiere que los métodos y atributos de las clases tengan visibilidad pública. Sin embargo, el lenguaje también implementa un tipo de **ofuscación** que permite que los atributos de una clase sean privados. Para hacer esto, tenemos que declarar los atributos con `self.__identificador`.

```
# archivo rectanguloprivado.py
class RectanguloPrivado :
   def __init__(self, anchura, longitud) :
      self.__anchura = anchura
      self.__longitud = longitud
   def perimetro(self) :
      return 2 * (self.__anchura + self.__longitud)
   def area(self) :
      return self.__anchura * self.__longitud
   # Permite mostrar un objeto en el print de Python
   def __str__(self) :
      return "Rectangulo de anchura "+ str(self.__anchura) + " y 
de longitud " + str(self.longitud)
   def getAnchura(self):
      return self.__anchura
   def setAnchura(self, anchura):
      self.__anchura = anchura
   def getLongitud(self):
      return self.__longitud
   def setAnchura(self, longitud):
      self.__longitud = longitud

# archivo cuadradoprivado.py
from rectanguloprivado import RectanguloPrivado
class CuadradoPrivado(RectanguloPrivado) :
   def __init__(self, anchura) :
      Rectangulo.__init__(self, anchura, anchura)
   def __str__(self) :
      return "Cuadrado de lado "+ str(getAnchura(self))
```

Al hacer privados los atributos de la clase `RectanguloPrivado`, la clase hija `CuadradoPrivado` ya no tiene acceso directo al atributo anchura, sino que tiene que pasar por su método de acceso con `self.getAnchura` porque este método está definido en su clase padre, `RectanguloPrivado`.

5.5.2 Herencia múltiple

Python permite que una clase hija tenga varias clases padre. Para ello, necesitamos listar todos los padres en la declaración hija. Vamos a retomar nuestra herencia múltiple con animales y a codificarla en un script de Python.

```
class Animal():
   def __init__(self, nombre) :
      self.nombre = nombre
   def comer(self) :
      print(self.nombre, "comer")

class Carnivoro(Animal):
   def __init__(self, nombre) :
      Animal.__init__(self, nombre)
   def comer(self) :
      print(self.nombre, "come carne")

class Herbivoro(Animal):
   def __init__(self, nombre) :
      Animal.__init__(self, nombre)
   def comer(self) :
      print(self.nombre, "come hierba")

class Omnivoro(Carnivoro, Herbivoro):
   def __init__(self, nombre) :
      Carnivoro.__init__(self, nombre)
      Herbivoro.__init__(self, nombre)
   def comer(self) :
      print(self.nombre, "come hierba y carne")

if __name__ == '__main__':
   hamtaro = Herbivoro("hamtaro")
   garfield = Carnivoro("garfield")
   pluto = Omnivoro("pluto")
   hamtaro.comer()
   garfield.comer()
   pluto.comer()
```

La clase `Omnivoro` hereda de las clases `Carnivoro` y `Herbivoro`. En consecuencia, debe respetar dos restricciones para que la secuencia de comandos se ejecute sin errores:

- Llamar al constructor de cada una de sus padres en su constructor para asignar memoria correctamente.
- Reescribir el método `comer()` porque, de otro modo, el intérprete de Python no puede saber a qué método llamar.

5.5.3 Sobrecarga del operador

Python tiene un mecanismo muy agradable para el álgebra común y los operadores de comparación. Podemos redefinirlos para nuestras propias clases.

Python define un método específico para cada operador del lenguaje. Este método recibe como argumento un objeto del tipo de la clase en la que está definido.

Esta es la lista de operadores que Python nos permite redefinir:

- + con el método `__add__(self, other)`
- - con el método `__sub__(self, other)`
- * con el método `__mul__(self, other)`
- / con el método `__div__(self, other)`
- // con el método `__floordiv__(self, other)`
- % con el método `__mod__(self, other)`
- ** con el método `__pow__(self, other)`
- += con el método `__iadd__(self, otro)`
- -= con el método `__isub__(self, otro)`
- *= con el método `__imul__(self, other)`
- /= con el método `__idiv__(self, otro)`
- //= con el método `__ifloordiv__(self, other)`
- %= con el método `__imod__(self, other)`
- **= con el método `__ipow__(self, other)`
- < con el método `__lt__(self, other)`

- > con el método `__gt__(self, other)`
- <= con el método `__le__(self, other)`
- >= con el método `__ge__(self, other)`
- == con el método `__eq__(self, other)`
- != con el método `__ne__(self, other)`

Con este sistema, no necesitamos definir un método para comparar dos rectángulos, simplemente usaremos el operador de comparación ==.

```
class Rectangulo :
   def __init__(self, anchura, longitud) :
      self.anchura = anchura
      self.longitud = longitud
   def perimetro(self) :
      return 2 * (self.anchura + self.longitud)
   def area(self) :
      return self.anchura * self.longitud
   # Permite mostrar un objeto en el print de Python
   def __str__(self) :
      return "Rectángulo de anchura "+ str(self.anchura) + " y de
longitud " + str(self.longitud)
   def __eq__(self, otroRectangulo) :
      return self.anchura == otroRectangulo.anchura and
self.longitud == otroRectangulo.longitud

if __name__ == '__main__':
   miRectangulo = Rectangulo(2,8)
   segundoRectangulo = Rectangulo(8,9)
   print("¿Los dos rectángulos son iguales?",
segundoRectangulo == miRectangulo)
   segundoRectangulo.anchura = 2
   segundoRectangulo.longitud = 8
   print("¿Los dos rectángulos son iguales?",
segundoRectangulo == miRectangulo)
```

De golpe, nuestro script es más fácil de leer para otro desarrollador que esté familiarizado con el operador de igualdad.

6. Ejercicios

6.1 Ejercicio 1

Modele en UML y luego con un algoritmo una clase `Duracion` con tres atributos privados:

- el número de horas de la duración;
- el número de minutos de la duración;
- el número de segundos de la duración.

Y los siguientes métodos públicos:

- Un constructor por defecto (todos los atributos tendrán valor cero) y un constructor que inicializa todos los valores. Comprobaremos que los números de horas, minutos y segundos son positivos; si no, consideraremos sus opuestos. También haremos las conversiones necesarias para que los números de minutos y segundos sean estrictamente menores que 60.
- Un método para mostrar la duración (en el formato 3h10m00s).
- Un método que convierte la duración en un número de segundos.
- Un método que añade un número de segundos a la duración.

A continuación, codifique los scripts Python correspondientes.

6.2 Ejercicio 2

Implemente en un algoritmo la relación de herencia entre las clases `Animal`, `Mamifero` y `Ave` del diagrama de clases de la figura siguiente.

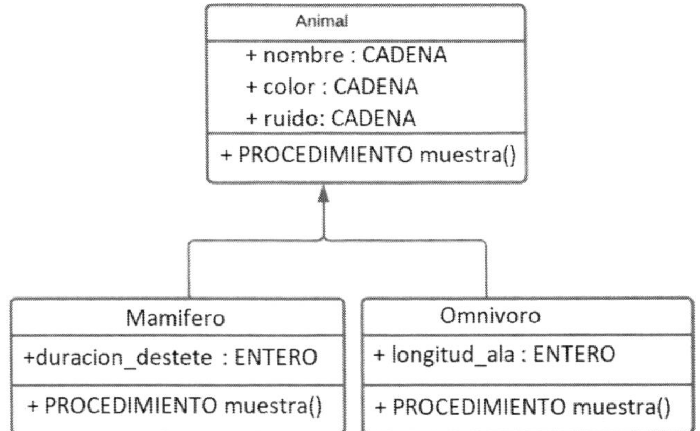

Diagrama de clase de los animales

El procedimiento `muestra()` visualiza por consola todos los atributos de la clase.

Codifique los scripts Python correspondientes.

6.3 Ejercicio 3

En Python, codifique las siguientes clases:

- Una clase `Circulo`. Los objetos construidos a partir de esta clase serán círculos de varios tamaños. Además del método constructor (que por tanto utilizará un argumento de radio), se definirá un método area() que devolverá la superficie del círculo.
- Una clase `Cilindro`, hija de la clase `Circulo`. El constructor de esta nueva clase incluirá los dos argumentos radio y altura. Añadirá un método `volumen()`, que debe devolver el volumen del cilindro (recuerde: el volumen de un cilindro = área de la sección transversal x altura).
- Una clase `Cono`, hija de la clase `Cilindro`, cuyo constructor incluirá también los dos argumentos `radio` y `altura`. Esta nueva clase tendrá su propio método `volumen()`, que deberá devolver el volumen del cono (recuerde: el volumen de un cono = volumen del cilindro correspondiente dividido por 3).

6.4 Ejercicio 4

Codifique un script en Python para implementar su propia lista enlazada simple que contenga los procedimientos para añadir y eliminar al inicio y al final de la lista con una clase. Para este ejercicio, necesita saber que `NULL` se traduce en Python por None.

B

C

L

M

N

P

R

S

T

U

V

W

Y

Para poder acceder durante un año a la versión online de este libro, envíenos su justificante de compra a

librodigital@ediciones-eni.com

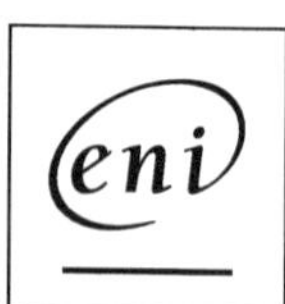